GARTEN
Geschichten zum Aufblühen

Erzählt von
Christa Spilling-Nöker

FREIBURG · BASEL · WIEN

Einladung

»Man muss nicht erst sterben, um ins Paradies zu gelangen, solange man einen Garten hat«, lautet eine persische Weisheit. Wie recht sie hat. Jeder Garten ist ein Paradies für sich, gleichgültig, wie klein oder groß er ist; und das Schönste daran ist, dass man ihn nach eigenen Ideen planen und gestalten darf. Man kann entscheiden, wie man die Beete anordnet und was man sät und pflanzt. An jedem Tag gibt es wieder etwas zu staunen: Die Saat ist angegangen, die Zwiebeln treiben, frische Knospen öffnen sich, Sträucher blühen auf und Früchte reifen. Und wenn es ganz still ist und man genau hinhorcht, haben einem die Pflanzen bisweilen sogar etwas zu erzählen. Lassen Sie sich von den Geschichten und Märchen in diesem Buch in die unterschiedlichsten Gartenparadiese entführen und sich vom Duft der Rosen, von selbstbewussten Gänseblümchen, von saftigen Kirschen oder gar von silbernen Gräsern und goldenen Früchten verzaubern.

INHALT

Der Garten des Prinzen   *11*
Die Blume der Kaiserin   *19*
Der Gärtner und die Herrschaft   *23*
Die dankbare Nachtigall   *33*
Die Demut der Schneeglöckchen   *37*
Der Zaubergarten   *39*
Die Liebe der Biene   *49*
Das Treibhaus   *53*
Im Garten des Sultans   *61*
Der kleine Missetäter   *65*
Das Geschenk der Löwin   *75*
Die zerstrittenen Bäume   *81*
Der Garten der Kinder   *85*
Die Rose und der Igel   *93*
Das Baumwunder   *99*
Unter dem Kirschbaum   *101*
Die Braut im Garten   *109*
Der Samen   *113*

»Jeden Morgen in meinem Garten
öffnen neue Blüten sich dem Tag.
Überall ein heimliches Erwarten,
das nun länger nicht mehr zögern mag.«

Matthias Claudius

DER GARTEN DES PRINZEN

Es war einmal ein junger Prinz, der von Kindheit an schwermütig war. Seine Eltern hatten über viele Jahre hin alles unternommen, um ihn fröhlich zu stimmen. Sie hatten ihm stets alle Wünsche erfüllt und ihn verwöhnt, wo sie nur konnten. Er besaß jede Menge bunt bemalte Bauklötzchen zum Spielen, dazu Zinnsoldaten und ein zierlich gearbeitetes Karussell aus Blech. Anfangs hatte der Prinz sichtlich Spaß daran; doch schon bald war der Reiz des Neuen verflogen, und er saß wieder traurig und gelangweilt in der Ecke. Schließlich hatten die Eltern sogar einen Hofnarren kommen lassen, der ihn mit seinen Späßen aufheitern sollte, ein andermal hatten sie einen ganzen Zirkus herbeigerufen, um ihn zum Lachen zu bringen. Dann und wann hatte der Prinz bei den Vorführungen einmal gelächelt; doch kaum waren die Veranstaltungen zu Ende, war er ebenso betrübt wie zuvor.

Als seine Eltern sahen, dass sich trotz all ihrer Bemühungen an seinem Zustand nichts änderte, ließen sie die besten Ärzte des Landes kommen und versprachen demjenigen einen ganzen Sack voller Goldstücke, dem es gelänge, ihren Sohn heiter zu stimmen. Die Hoffnung, ein solches Vermögen zu verdienen, bewegte die Ärzte natürlich zu den vielfältigsten Heilverfahren, doch nichts von alledem half. Da hörte sein Vater von einem Heiler, der schon, dem Gerücht nach, Tote wieder zum Leben erweckt haben sollte. Der König scheute weder Kosten noch Mühen und schickte seine Bediensteten aus, um diesen Mann ausfindig zu machen und an den Hof zu holen. »Ich möchte gern mit dem jungen Herrn allein sprechen«, bat der Heiler. Der König, der sich nach all den vergeblichen Bemühungen, seinen Sohn gesund zu sehen, so gut wie auf jeden Vorschlag eingelassen hätte, nickte bereitwillig und wies ihn die Treppe hoch zu den Gemächern des jungen Prinzen.

Dieser döste trotz schönstem Sommerwetter auf seinem Bett teilnahmslos vor sich hin. Der Heiler schob die Vorhänge beiseite, öffnete das Fenster, zog dem jungen Mann abrupt die Decke weg und befahl ihm, aufzustehen. Solche Töne war der verwöhnte Prinz nicht gewohnt und er gehorchte widerwillig. »Da draußen«, der Heiler wies aus dem Fenster, »wächst eine Wunderblume. Sattelt Euer Pferd und sucht sie. Allein diese

DER GARTEN DES PRINZEN

Blume kann Euch von Eurer Krankheit befreien und Euch fröhlich stimmen.« »Wozu soll ich mich anstrengen?«, fragte der Prinz zurück. »Ich werde einen meiner Diener nach dieser Blume ausschicken, er kann sie mir dann ans Bett bringen und ich werde sehen, ob Eure Versprechungen etwas taugen.« »So einfach geht das nicht«, erwiderte der Heiler. Diese Blume hilft nur demjenigen, der sie mit eigenen Händen ausgräbt.« Sprach's, drehte sich auf dem Absatz um und öffnete die Tür, um zu gehen. Der Prinz war erstaunt, dass der Heiler es wagte, keine anderen Anstrengungen mehr zu unternehmen. »Wartet!«, rief er, »und erzählt mir mehr von dieser Wunderblume!« »Da gibt es nichts weiter zu erzählen«, sagte der Heiler knapp. »Reitet gen Osten. Dort kommt Ihr durch einen großen Wald. Wenn Ihr den hinter Euch gelassen habt, erreicht Ihr einen kleinen Fluss. An dessen Ufer müsst Ihr dann selbst Ausschau nach besagter Pflanze halten. Ihr werdet sie ganz von allein erkennen, das verspreche ich Euch. Lebt wohl!« Mit einer knappen Verbeugung empfahl sich der Arzt kurz darauf dem König und machte sich auf den Heimweg, ohne auch nur einen einzigen Taler als Lohn zu erbitten.

DER GARTEN DES PRINZEN

Der Prinz zögerte, ob er sich nach dem Verschwinden des Heilers wieder unter seiner Bettdecke verkriechen sollte. Aber er spürte, dass er nicht würde schlafen können. Die Worte des Arztes hatten ihn neugierig gemacht. Zum Erstaunen seiner Eltern erschien er im Salon und erklärte ihnen, dass er sich auf eine Reise begeben würde. Der Prinz erreichte, so wie es der Arzt vorhergesagt hatte, den Wald. Noch einmal überlegte er, ob es nicht besser sei, umzukehren und sich wieder in sein Zimmer zurückzuziehen. Aber wieder siegte die Neugier. Drei Tage brauchte er, bis er besagtes Flussufer erreichte. Er machte eine Pause, aß etwas von seinem Proviant und legte sich unter einem Baum zum Schlafen nieder. »Du bist auf der Suche nach mir, nicht wahr? Ich bitte dich, pflücke mich nicht, denn dann verliere ich all meine Kraft. Ich kann dir nur helfen, wenn du mich eigenhändig ausgräbst und in deinen Garten pflanzt.« Der Prinz erwachte und schaute sich um. Erstaunt sah er nur wenige Meter von seinem Ruheplatz entfernt die herrlichste Blume der Welt. Das Ausgraben der Pflanze erwies sich allerdings als ein mühsamer Akt, zumal der Prinz noch nie in seinem ganzen Leben gearbeitet hatte. Doch schließlich gelang es. Er nahm die

DER GARTEN DES PRINZEN

kostbare Pflanze unter den Arm und ritt wieder zum elterlichen Schloss zurück. Kaum war er daheim vom Pferd gestiegen, vernahm er wieder die zarte Stimme der Blume: »Nun grabe den Garten um und pflanze mich in die Mitte!«

Dem Prinzen blieb nichts anderes übrig, als dieser Aufforderung zu folgen. Schnell bekam er von der ungewohnten Arbeit Blasen an seinen zarten Händen. Nach einigen Stunden war er so erschöpft, dass er nur noch mit Mühe sein Zimmer erreichen konnte. Sofort warf er sich auf sein Bett und schlief unvermittelt ein. Aber es war ein anderer Schlaf als der, mit dem er früher auf seiner seidenen Decke gerungen hatte und in dunklen Gedanken versunken war.

Kaum hatte der Prinz die Blume in die Mitte des Gartens gepflanzt und angegossen, vernahm er erneut ihre Stimme. »Allein will ich hier nicht wachsen«, meinte sie. »Mach dich auf den Weg, suche in der Umgebung die schönsten Pflanzen und lege um mich herum einen Garten an!« »Ich muss mich wohl fügen«, sagte der Prinz zu sich, »auch wenn mir etwas Ruhe gut tun würde.« Er

DER GARTEN DES PRINZEN

ließ anspannen und fuhr kreuz und quer durch das Land. Hier fand er Rhododendren und Hortensien, dort Rosen, Lilien und Buchsbaumsträucher. Als er Tage später wieder zu Hause bei der Arbeit war, schien es ihm, als würde ihn die Wunderblume bei seinem Tun beobachten. Da er Angst hatte, sie könne ihre heilende Wirkung verlieren, wenn er sie enttäuschen würde, bemühte er sich, den Garten so schön wie möglich anzulegen. Rings um sie herum setze er in gemäßigtem Abstand vier prächtige Springbrunnen, von denen jeder mit einer farbenfrohen Rabatte aus Begonien, Lobelien und Tagetes umgeben war.

Es entging weder den Eltern noch der gesamten Dienerschaft, dass der Prinz bei der Gestaltung der Gartenanlage immer fröhlicher wurde. Mittlerweile sang er sogar mit den Vögeln um die Wette. Schon am Abend freute er sich auf den kommenden Morgen, um sein Werk von Tag zu Tag noch schöner zu gestalten und zu pflegen. Immer wieder hatte er neue Ideen, die den Garten allmählich in einen wundervollen Schlosspark verwandelten.

DER GARTEN DES PRINZEN

Inzwischen kamen vornehme Leute von weither gereist, um diese kunstvolle Gartenanlage zu besichtigen und zu bewundern. Unter ihnen befand sich eines Tages auch der junge Heiler, der dem Prinzen die Wunderblume als Heilmittel ans Herz gelegt hatte. Er schmunzelte nur, als er den einst so blasierten jungen Herrn mit Feuereifer freudig bei der Arbeit sah und zog zufrieden und unerkannt seines Weges.

Christa Spilling-Nöker

»Jede Blume, die blüht, erfreut uns mit ihrer Schönheit und erfüllt uns mit Hoffnung.«

Naomi May

DIE BLUME DER KAISERIN

Vor vielen Jahren lebte im chinesischen Reich ein schöner junger Prinz. Nachdem sein Vater gestorben war, sollte er zum Kaiser gekrönt werden. Nun war es aber Sitte, dass er zu diesem denkwürdigen Ereignis bereits verheiratet sein musste. Aber wie sollte er ein Mädchen finden, dem er bedingungslos vertrauen konnte? Denn er hielt Wahrhaftigkeit für die wichtigste und notwendigste Tugend seiner zukünftigen Frau, die er ja zur Kaiserin machen würde. Tag und Nacht grübelte er darüber nach, bis er schließlich den Rat eines Weisen einholte.

Schon am nächsten Tag lud er alle jungen Frauen aus der Umgebung ein, gab jeder ein Seidentüchlein mit jeweils zwölf Samen darin und sagte: »Legt diese Samenkörner in euren Gärten in ein gesondertes Beet in die Erde. Nach sechs Monaten pflanzt ihr davon die schönste der Blumen, die daraus hervorgegangen ist, in einen Topf und bringt sie mir. Wer die prächtigste Pflanze hat, wird die zukünftige Kaiserin.«

DIE BLUME DER KAISERIN

Unter den Frauen waren viele hübsche und reiche, aber auch die Tochter des Palastgärtners, die den Prinzen schon seit Langem heimlich liebte. Auch sie erhielt ein solches Seidentüchlein und legte die Saatkörner noch am gleichen Tag behutsam in die Erde. Jeden Morgen lief sie schon in aller Frühe ganz aufgeregt zu ihrem Beet, düngte und wässerte es sorgfältig und liebevoll und war auch tagsüber damit befasst, doch es kam auch nicht ein einziges grünes Hälmchen hervor. Schließlich bat sie ihren Vater um Hilfe, aber selbst der wusste keinen Rat, obwohl ihm im Garten des Kaisers stets alles geglückt war. Von Tag zu Tag wurde die junge Frau trauriger, denn sie liebte den Prinzen immer noch von ganzem Herzen.

Als die sechs Monate vorüber waren, fanden sich alle Frauen zur Audienz bei dem Prinzen ein. Was gab es da für ein aufgeregtes Gekicher und Geplapper. Jede meinte natürlich, dass ihre Blume am schönsten sei. Die Tochter des Palastgärtners aber stellte sich mit ihrem leeren Topf verschämt in die letzte Reihe, denn sie sah, welch prächtige Blumen mit den seltensten Blüten und Farben den anderen Frauen gediehen waren. Als der

DIE BLUME DER KAISERIN

Prinz erschien, wurde es von einem Augenblick auf den anderen still. Er schritt von einer Frau zur anderen und sah jeder streng in die Augen. Schließlich blieb er vor der Tochter des Gärtners stehen, nahm den leeren Topf in die Hände und sagte: »Diese Frau wird die zukünftige Kaiserin werden.« Da kam es zu einem Tumult unter den anderen Frauen; alle schimpften und schrien durcheinander, dass es doch völlig ungerecht sei, die zu erwählen, der in ihrem Garten gar nichts gelungen wäre. »Alle Samen, die ich euch gegeben hatte«, hob der Prinz an, »waren unfruchtbar und konnten unmöglich aufgehen und Blumen hervorbringen. Diese Frau hat mir die allerschönste Blume gebracht, nämlich die Blume der Ehrlichkeit. Deshalb verdient allein sie es, Kaiserin zu werden.«

Nach einem Märchen aus China

»Die Pracht der Gärten aber hat stets die Liebe zur Natur zur Voraussetzung.«

Germaine Madame de Stael

DER GÄRTNER
UND DIE HERRSCHAFT

Vor langer Zeit gab es einmal ein wunderschönes altes Schloss, dessen Türmchen und Zinnen von weither sichtbar waren. Die Räume waren gemütlich und bequem eingerichtet, sodass es sich hier gut wohnen ließ. Dieses edle Anwesen gehörte einer adligen Herrschaft, die allerdings nur die Sommermonate dort verbrachte. Im Garten wuchsen die unterschiedlichsten Rhododendren sowie eine Vielzahl an Obstbäumen; daneben gab es gesonderte Beete mit den feinsten Küchenkräutern. Der seidenweiche grüne Rasen war umgeben von den prächtigsten Blumen, die wundervoll dufteten. Diese parkartige Anlage wurde von einem sehr aufmerksamen alten Gärtner gepflegt, der seine Arbeit mit ganzem Herzen versah.

Vor den Schlafräumen der Herrschaft standen zwei alte Bäume, die keine Blätter mehr trieben, dafür aber von Vogelnestern übersät waren. Der Gärtner schlug mehrfach vor, diese Bäume zu fällen; die Herrschaft aber bestand darauf, sie stehen zu lassen; auch das Geschrei der Krähen und Dohlen, ja, die ganze Vogelschar gehöre

DER GÄRTNER UND DIE HERRSCHAFT

von jeher zum Schloss hinzu. Bisweilen vernahm sie, dass jemand mit der Flinte auf die Vögel schoss, sodass sie erschreckt aufstieben, aber diese niedrigen Menschen gingen sie ja letztlich nichts an.

Nun begab es sich, dass die Herrschaft von Zeit zu Zeit bei anderen adligen Familien eingeladen war, an deren Tafeln sie so köstliche Früchte genießen durfte, die die eigenen bei Weitem übertrafen. So sehr sie ihren alten Gärtner schätzten, so machten sie ihn nach einem solcher Abende doch mit freundlichen, aber bestimmten Worten darauf aufmerksam, dass die Tische ihrer Gastgeber mit ganz besonderen Blumen geschmückt gewesen seien und dass sie Äpfel und Birnen von solcher Süße und Saftigkeit gekostet hätten, wie sie sie aus ihrem eigenen Garten nicht kennen würden. Diese Früchte kämen sicher aus einem fernen, fremden Land. Sie sollten eingeführt werden, sofern es das Klima erlaube; dazu möge er einige Pfropfzweige erwerben, damit man diese Früchte auch im eigenen Garten kultivieren könne. Sie stammten übrigens von dem ersten Fruchthändler auf dem Markt.

DER GÄRTNER UND DIE HERRSCHAFT

Der Gärtner ritt am kommenden Tag unverzüglich in die Stadt auf den Markt, denn er kannte den ersten Fruchthändler dort sehr gut, weil er ihm stets den Überschuss des Obstes aus dem herrschaftlichen Garten des Schlosses verkaufte. Als er ihn nach der Herkunft der besonderen Äpfel und Birnen fragte, lachte der Händler laut auf und sagte: »Das sind doch die Früchte, die Sie mir selbst verkaufen!« Der Gärtner erkannte sofort die rotbackigen Äpfel und grünen Birnen wieder, ritt, so schnell er konnte, zum Schloss zurück und teilte seiner Herrschaft die gute Nachricht mit. Diese wollte das zunächst gar nicht glauben und fragte, ob er darüber wohl ein Zertifikat erwerben könne. Schon am nächsten Tag legte er ihnen die Bescheinigung des Obsthändlers vor. Die Herrschaft kam aus dem Staunen nicht heraus und ließ sich fortan täglich mit diesen köstlichen Äpfeln und Birnen bewirten, ja, mehr noch: Sie schickten davon tonnenweise an Freunde und Bekannte, nicht ohne hinzuzufügen, dass es ja im ganzen Land ein besonders gutes Jahr für Kernobst gewesen sei.

Eines Tages war die Herrschaft bei Hofe eingeladen. Am kommenden Tag rief sie wiederum den Gärtner zu

DER GÄRTNER UND DIE HERRSCHAFT

sich und berichtete ihm, dass sie Melonen verspeist hätten, die aus dem Treibhaus des Königs stammten. Er solle doch zum Hofgärtner eilen, davon einige Kerne besorgen und daraus im eigenen Garten solche süßen und wohlschmeckenden Früchte züchten. Da strahlte der Gärtner und sagte: »Dem Hofgärtner sind die Melonenpflanzen in diesem Jahr eingegangen. Er hat mich gebeten, ihm einige Kerne von den Pflanzen aus unserem Garten zur Verfügung zu stellen.« »Dann hat der Hofgärtner es verstanden, sie auf besondere Art zu veredeln«, so die Herrschaft. »Die Melonen, die wir verspeist haben, können unmöglich Früchte aus unserem eigenen Garten gewesen sein.« Der Gärtner aber besorgte vom Hofgärtner auch dieses Mal ein Zertifikat dafür, dass die Melonen des Königs aus dem Saatgut des eigenen Gartens stammten. Die Herrschaft verheimlichte diese Botschaft nicht, sondern versandte Melonenkerne in alle Welt. Körbeweise kamen Dankesbriefe zurück; die Kerne hätten ausgetrieben und herrliche Früchte hervorgebracht.

Der Gärtner, zutiefst beglückt über seine Erfolge, strebte nunmehr an, der beste Gärtner des Landes zu werden. In jedem Jahr war er darum bemüht, eine neue Rarität zu züchten und seine Herrschaft damit zu überraschen. Doch immer wieder bekam er zu hören, dass die Äpfel und Birnen wohl das Beste gewesen seien, das ihm je gelungen wäre. Ja, die Herrschaft wusste an allem, das er ihnen servieren ließ, immer wieder einen Makel zu erkennen. Sie schien geradezu erleichtert, wenn sie sagen konnte, dass die Früchte dieses Jahres wohl nicht sonderlich geglückt seien.

In jeder Woche füllte der Gärtner die große Vase mit herrlichen Blumen, die er äußerst geschmackvoll zu arrangieren wusste. Dann hörte er: »Der liebe Gott hat Ihnen diese große Gabe an Feingefühl mit in die Wiege gelegt. Aus sich selbst haben Sie das nicht.« Eines Tages brachte der Gärtner eine große, mit Wasser gefüllte Kristallschale in den Speisesaal, in der auf einem Wasserrosenblatt eine einzige blaue Blüte lag. Die Herrschaft war darüber hell entzückt, hatte sie derlei doch noch nie zu Gesicht bekommen. Selbst die Prinzessin des Landes, zu einem Gastmahl geladen, fand sie zauberhaft schön, sodass die Herrschaft beschloss, ihr eine dieser seltenen Blumen zu überreichen. Zu diesem Anlass begab sie sich sogar selbst in den Garten, doch wo immer sie in den Gewächshäusern oder Beeten suchte, sie konnte sie nirgendwo entdecken. Schließlich wandte sie sich an den Gärtner, der sie in sein Kräutergärtchen führte. »Sehen Sie hier, es ist die Blüte einer Artischocke.« Die Herrschaft war entgeistert. »Wie können Sie es wagen, uns eine einfache Küchenblume ins Schloss zu stellen? Und wie erst haben Sie uns vor der Prinzessin blamiert, vor der wir die Blüte als eine exotische Rarität gepriesen haben.« Unverzüglich wurde die noch am Vortag so bestaunte und gewürdigte Pflanze aus dem Saal entfernt. Man brachte gegenüber der Prinzessin allerlei Entschuldigungen über die Dreistigkeit des Gärtners vor, ihnen eine einfache Küchenblume in den Saal getragen zu haben. Die Prinzessin hingegen, eine herzensgute und liebenswürdige junge Frau, nahm den Gärtner in Schutz; schließlich habe er ihr die Augen für die einmalige Schönheit dieser Blüte geöffnet. Selbst wenn nur eine Küchenpflanze sie hervorgebracht habe, so bäte sie doch darum, dass der Gärtner ihr an jedem Tag eine dieser herrlichen Blumen ins Schloss schicken ließe, solange die Artischocken eben blühten. Diese Würdigungen beeindruckten die Herrschaft außerordentlich, sodass der Gärtner von nun an wieder eine solche blaue Blüte in den Speisesaal bringen durfte; ja, er wurde für diese schöne Pflanze jetzt sogar gelobt.

Es wurde Herbst und damit zogen heftige Stürme über das Land. Zahlreiche Bäume wurden entwurzelt; es traf auch die kahlen Bäume mit den Krähen- und Dohlennestern. Die Vögel flohen in den Wald und die Herrschaft jammerte darüber, dass nun von dem Althergebrachten gar nichts mehr übrig sei. Der Gärtner aber freute sich, denn nun konnte er den sonnigen Platz endlich nutzen, um seine in der Stille gereiften Pläne zu verwirklichen und ganz neue Pflanzen zu setzen: Es wurde eine Art Naturgarten, einzigartig im ganzen Land, den er mit all seiner Fantasie und Liebe erschuf. Wacholderbüsche prangten hier neben Zypressen aus Italien und dem markanten Christusdorn. Davor breiteten sich Farnkräuter aus, deren palmenartige Wedel sich mit den roten und violettfarbenen Blütenständen der Kletten mischten und in ihrer Frische einem Festtagsbukett zur Ehre gereicht hätten. Zwischen den malerischen Blättern des Ampfers ragte die Königskerze auf, der Maiglöckchen und Sauerklee zu Füßen lagen.

DER GÄRTNER UND DIE HERRSCHAFT

Was sonst nur an Feldwegen oder auf Wiesen wuchs und weitgehend verachtet wurde, entfaltete sich hier zu einer solchen Pracht, die ihresgleichen suchte. Davor gediehen in sorgfältigen Reihen kleine französische Birnbäume am Spalier, die im Herbst die süßesten und saftigsten Früchte hervorbrachten.

Wo einst die kahlen Bäume gestanden hatten, richtete der Gärtner zwei Fahnenstangen auf. An der einen wehte die Flagge des Landes; an der anderen rankte der Hopfen mit seinen duftenden Blütenbüscheln empor. Im Winter hängte er dort Garben auf, damit auch die Vögel zur Weihnachtszeit ihr Fressen fanden.

Zu Neujahr berichtete eine Zeitschrift von dem Schloss; dabei war auch von den beiden Fahnenstangen die Rede, und es wurde besonders gewürdigt, dass mit den Gaben für die Vögel ein alter Brauch wiederaufleben würde. Die Herrschaft las den Artikel wohl mit Freude, in die sich aber auch ein Hauch von Neid und Missgunst mischte.

DER GÄRTNER UND DIE HERRSCHAFT

»Alles, was dieser Gärtner anpackt, wird an die große Glocke gehängt. Wir können uns freuen, dass wir ihn haben.« Aber im Grunde genommen freuten sie sich nicht. Schließlich waren sie die Herrschaft und hatten jederzeit die Macht, dem Gärtner von heute auf morgen zu kündigen. Weil sie aber nun einmal gute Menschen waren, taten sie das nicht, sondern ließen den Gärtner auch in Zukunft stillschweigend gewähren.

Nach Hans Christian Andersen

»Wem Mutter Natur ein Gärtchen gibt und Rosen, dem gibt sie auch Raupen und Blattläuse,
damit er's verlernt, sich über Kleinigkeiten aufzuregen.«

Wilhelm Busch

DIE DANKBARE NACHTIGALL

Vor langer Zeit lebte in Indien ein Mann, der einen wunderschönen Garten hatte. Am meisten unter all seinen Blumen liebte er die Rosen, die er auf ein besonderes rundes Beet in die Mitte des Rasens gepflanzt hatte. An jedem Tag brachen neue Knospen auf, und er konnte sich an den leuchtenden, duftenden Blüten nicht sattsehen.

Eines Tages saß er in seinem Studierzimmer, als er den süßen Gesang der Nachtigall vernahm. Wie verzaubert stand er auf und ging an das offene Fenster, um den himmlischen Melodien des kleinen Vogels eine Weile zu lauschen. Doch was er da sah, machte ihn rasend vor Wut. Immer, wenn die Nachtigall eine kleine Pause einlegte, zupfte sie an der schönsten aller Rosenblüten. Der Mann stürmte in den Garten und sah, dass die Rose schon völlig zerrupft aussah.

Er war über die Nachtigall dermaßen empört, dass er sich auf der Stelle einen listigen Plan ersann. Dir werde ich es schon zeigen, dachte er, streute eine Handvoll Körner auf den Weg und legte ein Netz darüber. Wenn sie vom Singen müde ist, wird sie sich hungrig auf die Körner stürzen und sich im Netz verfangen. Dann habe ich sie in meiner Hand. Und genauso geschah es. Da sprach der Mann zu der Nachtigall: »Du hast meine Lieblingsrose zerrupft, dafür werde ich dich töten.«

»Ach, tu das bitte nicht!«, antwortete die Nachtigall. »Du hast Hunderte von Rosen in deinem Garten und die eine, die ich zerstört habe, war nur ein winziger Punkt in der Fülle deines Glücks. Wenn du mich aber tötest, dann nimmst du mir alle Möglichkeiten des Glücks. Ist das gerecht?«

Der Mann sah schließlich ein, dass das wirklich keine gerechte Entscheidung wäre, und befreite den zitternden kleinen Vogel aus dem Netz. Die Nachtigall flog zu einem Baum, ließ sich auf einem seiner Zweiglein nieder und sagte zu dem Mann: »Du hast mir eine große Güte erwiesen. Dafür möchte ich mich erkenntlich zeigen. Unter diesem Baum liegt ein großer Schatz verborgen.«

Der Mann dachte, die Nachtigall wolle ihn narren, nahm einen Spaten und warf die Erde um. Und tatsäch-

DIE DANKBARE NACHTIGALL

lich: Schon nach kurzer Zeit stieß er auf einen Krug mit Gold. Der Mann war sehr verwundert und fragte die Nachtigall: »Wie ist es möglich, dass du das Netz über der Erde nicht wahrnimmst, aber den Krug unter der Erde sehen kannst?«

»Nun«, erwiderte die Nachtigall, »mit dem Gold weiß ich nichts anzufangen, die Körner aber begehre ich. Und alles Begehren macht eben blind.«

Nach einem Märchen aus Indien

»Und ich sage euch,
keine Siegespalme,
kein Baum der Erkenntnis,
kein Ruhmeslorbeer
ist schöner als dieser weiße,
zarte Kelch am blassen Stengel,
der im frostigen Wind
schaukelt ...«

Karel Capek

DIE DEMUT DER SCHNEEGLÖCKCHEN

E s war einmal eine Frau, die ihren Garten über alles liebte. Wenn die Frühlingssonne mit ihren ersten Strahlen das Land streifte, konnte sie das Aufbrechen der ersten Blüten und Knospen kaum erwarten. Die Schneeglöckchen wussten, was sie der Frau bedeuteten, und waren mehr als stolz darauf, die ersten zu sein, die den Lenz ankündigten. Was sind schon Narzissen und Tulpen gegen uns, dachten sie, wo wir doch diejenigen sind, die den Menschen zeigen, dass der Winter vorüber ist. Und schon durchbrachen ihre zarten Triebe die Erdkruste, um von Tag zu Tag zu wachsen und schließlich auch aufzublühen. Ach, dachte die Frau, wie hübsch die Kleinen ihre weißen Köpfchen zum Himmel strecken. Zur Mittagszeit gehen sie auf und gen Abend schließen sich ihre Kelche wieder. Sie sehen aus wie winzige weiße Tulpen.

Nun hatten die kleinen Frühjahrsboten es in ihrem Hochmut und Stolz in diesem Jahr wohl ein wenig übertrieben und den ersten Sonnenstrahlen nur allzu gutgläubig vertraut. Über Nacht fegte jedenfalls ein

DIE DEMUT DER SCHNEEGLÖCKCHEN

Schneesturm über das Land und es wurde wieder frostig kalt. »Was fällt euch ein, im Januar schon vom Frühling zu träumen?«, tobte der Winter. »Das ist jetzt immer noch meine Jahreszeit!« Erschrocken durch diese harschen Worte und gedrückt durch die Last des Schnees senkten die Schneeglöckchen furchtsam und demütig zugleich ihre zarten Köpfchen. »Der Winter ist doch ein mächtiger Mann«, raunten sie einander, zitternd vor Kälte, zu.

Als die Frau am nächsten Morgen in ihren Garten blickte, sah sie mit Schrecken, dass die Schneeglöckchen ihre Köpfe hängen ließen.
»Jetzt sind sie alle erfroren«, stöhnte sie.
Doch sie irrte sich. Keine der kleinen Pflanzen war eingegangen. Nur etwas bescheidener und demütiger sind sie von da an geworden. In jedem Jahr blühen sie wieder auf. Doch aus Angst davor, dass der Winter mit all seiner Macht noch einmal Einzug halten könnte, bleiben ihre Köpfchen seither ergeben gesenkt.

Christa Spilling-Nöker

DER ZAUBERGARTEN

Vor langer Zeit lebten einmal zwei Freunde, Assan und Chassen. Beide waren sehr arm. Assan besaß ein kleines Feld, das er sorgfältig bestellte; Chassen hingegen nannte eine kleine Schafherde sein Eigen, die ihm zum Leben reichen musste. Beiden war schon vor langer Zeit die Frau gestorben. Assans einziges Glück war seine schöne und kluge Tochter, Chassens ganzer Stolz sein starker und tapferer Sohn. Eines Morgens, als Assan gerade auf sein Feld ging, ereilte Chassen ein großes Unglück. Die Steppe hatte Feuer gefangen und alle Tiere Chassens waren verbrannt. Chassen war völlig verzweifelt, denn er wusste nicht, wovon er sich jetzt ernähren sollte. Er schlich zu Assan, erzählte unter Tränen, was geschehen war, und meinte, er müsse nun Abschied von ihm nehmen und des Hungers sterben. Assan aber erwiderte: »Du bist mein Freund, dir gehört die Hälfte meines Herzens, also gebe ich dir auch die Hälfte meines Ackers. Für uns beide wird es schon reichen.« Mit diesen Worten drückte er dem verblüfften Chassen eine Hacke in die Hand und hieß ihn, mit der Arbeit zu beginnen.

»Sieh meine Gärten,
in denen meine Gärtner im
Morgengrauen darangehen,
den Frühling zu erschaffen;
sie streiten sich nicht um
die Blumen, ihre Stempel
und Kronen, sie säen die
Samenkörner.«

Antoine de Saint-Exupéry

DER ZAUBERGARTEN

Jahre gingen ins Land, als Chassen beim Umgraben plötzlich auf etwas Hartes stieß. Zunächst dachte er, es sei ein großer Stein. Er lockerte den Boden ringsum; dann bückte er sich, um ihn aus dem Ackerboden zu entfernen. Plötzlich schrie er laut auf. Vor ihm lag kein Stein, sondern ein großer Kessel, bis zum Rande gefüllt mit Goldstücken. Er atmete tief durch. Manchmal ist es ja nicht das Unglück, das einem den Atem raubt, sondern das völlig unvorsehbare Glück. Als er sich wieder gefasst hatte, hob er den Kessel auf, ging zu Assan und sagte: »Sieh nur, was ich gefunden habe. Hier, nimm dieses Gold, denn es war in deinem Acker verborgen und ist von daher dein.« Assan aber erwiderte: »Ich habe dir einst den halben Acker geschenkt, deshalb gehört alles, was du dort ausgräbst, natürlich in deinen Besitz.« »Aber als du mir das Stück Land überlassen hattest, konntest du doch nicht ahnen, dass dort ein Schatz verborgen ist. Das Gold gehört dir.« So stritten sie eine Weile, bis Assan eine Idee hatte. »Du hast einen wunderbaren Sohn und ich habe eine reizende Tochter. Die beiden lieben sich schon seit langer Zeit. Lassen wir sie doch heiraten und geben wir ihnen das Gold als Hochzeitsgeschenk, damit sie niemals die Armut schmecken müssen.« Sie besiegelten ihren Entschluss mit einem Handschlag. Als die Kinder davon hörten, waren sie überglücklich. Schon am nächsten Tag wurde die Hochzeit gefeiert. Doch schon im Morgengrauen des darauffolgenden Tages schlich das junge Paar zu seinen Vätern, gab ihnen das Gold zurück und sagte: »Die Kinder dürfen nicht das besitzen, was die Eltern verschmähen. Was sollen wir auch damit. Unsere Liebe ist uns wichtiger als alles Hab und Gut der Welt.«

Die vier setzten sich zusammen und beratschlagten, was sie mit dem Gold machen sollten, fanden aber zu keiner Lösung. Schließlich kamen sie auf die Idee, einen Weisen zu befragen. Sofort brachen sie auf. Nachdem sie einige Tage durch die Steppe gewandert waren, erreichten sie die Jurte des Weisen. Sie verbeugten sich und baten um Einlass. Neben dem Weisen saßen rechts und links je zwei seiner Schüler auf einer Matte. »Was führt euch zu mir?«, fragte der Weise. Die vier erzählten ihm von ihrem Streit und seiner Ursache.

Der Weise schwieg eine Weile, dann fragte er seine Schüler, einen nach dem anderen, wie sie den Streit schlich-

DER ZAUBERGARTEN

ten würden: »Ich würde das Gold dem Khan geben, der Herrscher über alle Schätze der Erde ist«, meinte der erste. »An Eurer Stelle würde ich das Geld an mich nehmen, denn wenn es keinem gehört, darf es der Richter behalten«, so der zweite. »Am besten wäre es, das Gold wieder einzugraben«, war der Ratschlag des dritten. Über all diese Äußerungen runzelte der Weise die Stirn. »Nun zu dir«, wandte er sich an den jüngsten Schüler. »Ich würde das Gold dafür verwenden, inmitten der Steppe einen großen Garten anzulegen, der den Armen Schatten und Raum zur Erholung sowie Früchte zur Nahrung schenkt.« – »Wohl hast du geredet, mein Sohn. So soll es geschehen.« Er umarmte den Schüler und hieß ihn, in die Hauptstadt des Khanreiches zu gehen, um dort die besten Samen zu kaufen. Da verstaute der Jüngling das Gold in einem Lederbeutel und brach auf.

Nach einigen Tagen erreichte er die Stadt. Er sah sich eine Weile in dem bunten Treiben des Bazars um, als er eine Karawane erblickte, die eine seltsame Fracht mit sich führte. Anstatt der üblichen Warenballen waren auf den Kamelen unendlich viele farbenprächtige Vögel an die Kamele gebunden; ihre Beine und Flügel waren zusammengeschnürt; unablässig versuchten sie, sich zu befreien, und stießen laute Klageschreie aus, sodass es dem Jüngling vor Mitleid schier das Herz brach. Er drängte sich durch die Menschenmengen bis hin zu dem Karawanenführer und fragte, weshalb die Vögel so geschunden würden. »Die bringen wir dem Khan, der wird sie sich braten lassen und verspeisen. Er zahlt uns dafür fünfhundert Goldmünzen.« – »Wenn ich dir das Doppelte zahle, wirst du die Vögel dann freilassen?« Der Karawanenführer setzte ein breites Grinsen auf, das ihm allerdings verging, als der Jüngling seinen Beutel mit dem Gold öffnete; schnell steckte er die Münzen ein und befahl den Treibern, die Vögel loszubinden.

Was war das für ein Anblick, als Tausende von Vögeln ihre Flügel ausbreiteten und sich gen Himmel erhoben. Der Jüngling wurde bei diesem Anblick so froh, dass er seinen Heimweg wie beschwingt antrat. Doch je näher er der Jurte des Weisen kam, desto schwerer wurde ihm ums Herz. Was war nur in ihn gefahren, das ihm anvertraute Gold eigenmächtig auszugeben? Was sollte er seinem Lehrer und den guten Menschen sagen, die ihn mit dem Saatgut erwarteten? Er selbst hatte ja vorge-

DER ZAUBERGARTEN

schlagen, mit dem Gold einen Garten für die Armen anzulegen. Schließlich gewann die Verzweiflung eine so große Macht über ihn, dass er zu Boden sank und bitterlich weinte. Am liebsten wäre er auf der Stelle gestorben. Kummer und Tränen hatten ihn so müde gemacht, dass er erschöpft in einen tiefen Schlaf versank. Da träumte er, ein wunderschöner bunter Vogel habe sich auf seiner Brust niedergelassen, der mit lieblicher Stimme sang: »Sei nicht traurig! Wir können dir das Gold nicht zurückgeben, mit dem du unsere Freiheit erkauft hast, aber wir werden uns für deine große Barmherzigkeit und Güte auf andere Weise bedanken. Nun wach auf, wach endlich auf!« Schließlich schlug der Jüngling die Augen auf und kam aus dem Staunen nicht mehr heraus. Tausende von Vögeln mit prächtigstem Gefieder flogen umher; es waren so viele, dass sie den Himmel verdunkelten wie eine Wolke. Um sich herum sah er, wie die Vögel scharrten, kleine Löcher ausgruben und Samen hineinfallen ließen.

Durch das Geflatter der Vögel breitete sich in der Nacht ein Unwetter über das Land aus und seit langer Zeit regnete es endlich wieder einmal. Am nächsten Morgen brachen überall grüne Sprosse aus der Erde hervor, die sich rasch zu den schönsten Pflanzen entwickelten, die es je unter dem Himmel gegeben hatte. Da gediehen mächtige Bäume mit glänzenden Blättern und goldenen Früchten. Die zahlreichen Apfelbäume schienen eine Rinde aus Bernstein zu haben. Durch die Stämme hindurch sah man die prächtigsten Weinberge und Aprikosenhaine. Teiche gab es mit den seltensten Fischen, Wassergräben waren mit Edelsteinen ausgelegt und wurden von satten Wiesen und süß duftenden bunten Blumen umsäumt, zwischen denen zarte Gräser aus purem Silber schimmerten. Der Jüngling glaubte, seinen Augen nicht zu trauen, und meinte, noch zu träumen. Er zwickte sich in den Arm und stellte erstaunt fest, dass alles, was ihn umgab, wirklich war. Beseligt trugen ihn die Beine nun leichten Herzens zu der Jurte seines Lehrers.

Das Wunder des Zaubergartens sprach sich in Windeseile herum. Ein feindlicher Reiterstamm war der erste, der den Garten erreichte. Doch sobald er ihn betreten wollte, richtete sich blitzschnell ein meterhohes Gitter um den Garten auf. Als einer der Reiter hin-

DER ZAUBERGARTEN

durchlangte und eine der goldenen Früchte berührte, fiel er tot um. Da wendeten die Reiter entsetzt ihre Pferde und stoben davon.

Von allen Seiten strömten nun die Armen zu dem Garten. Die Schlösser der Tore sprangen auf und der Garten füllte sich mit Frauen und Männern, mit Kindern und Greisen. Sobald jemand aus Versehen auf eine Blume trat, richtete sie sich sofort wieder auf, und wenn jemand eine Frucht nahm, wuchs an der gleichen Stelle unverzüglich eine neue. Frohes Gelächter hallte von allen Ecken und Enden wider, die jungen Leute tanzten vor Begeisterung, und am Abend sangen die Vögel ein so liebliches Lied, dass alle vor Ergriffenheit schwiegen. Die Menschen legten sich satt unter die Bäume in das würzig duftende Gras und schliefen, das erste Mal in ihrem Leben, glücklich und zufrieden ein.

Nach einem Märchen aus Kasachstan

»Leben ist nicht genug,
sagte der Schmetterling.
Sonnenschein, Freiheit und
eine kleine Blume gehören
auch dazu.«

Hans Christian Andersen

DIE LIEBE DER BIENE

Unruhig und betrübten Herzens summte die Biene zwischen Sommerflieder, Rosen und Lavendel umher. An Nahrung mangelte es ihr daher nicht und auch die wärmende Sonne tat ihr gut. Die Tage waren lang und hell, und eigentlich hätte sie mit ihrem Bienenleben ganz zufrieden sein können, wenn nicht die tiefe Sehnsucht in ihr gebrannt hätte, endlich einmal von ganzem Herzen geliebt zu werden. Sie flog über Blumen, Felder und Äcker hinweg, doch obwohl der herrliche Sommertag im Grunde wirklich nichts zu wünschen übrig ließ, war sie zutiefst traurig in ihrem Herzen. Schließlich ließ sie sich verzagt auf einem Kohlkopf nieder und flüsterte den Grund ihres Kummers halblaut vor sich hin.

Da kam eine dicke Raupe angekrochen und erlauschte die Klage der Biene. »Du bist so schön«, sagte sie zu der Biene, »du hast so eine zarte schwarzgelbe Haut und eine wundervolle Taille und du duftest ein wenig nach Honig. Ich will dich lieben und in meinem Leben für dich tun, was in meinen Kräften und Möglichkeiten steht. Es stecken viel mehr Fähigkeiten und Begabungen in mir, als du auf den ersten Blick hin siehst oder ahnen kannst. Gib mir eine Chance. Glaub mir, wir können uns gegenseitig für ein ganzes Leben lang glücklich machen.« Die Raupe sprach diese Worte sehr feierlich aus, denn es war ihr durchaus ernst mit ihrer Absicht. »Was denn, du dicke, schwerfällige Raupe, die du den ganzen Tag über nur ans Fressen denken kannst, wagst es, um mich zu werben? Nein, so stelle ich mir die Liebe gar nicht vor. Der, von dem mein Herz träumt, muss im Grunde seines Wesens mir ähnlich und ebenbürtig sein. Er muss ein zartes Wesen haben, sich von der Erde erheben und unter dem Himmel fliegen können – so wie ich.« Und erhobenen Hauptes schwang sich die Biene in die Lüfte.

Es verging eine Weile, als die Biene, immer noch unglücklich über den Mangel an Liebe in ihrem Leben, in einem großen Blumengarten einen unsagbar schönen, zarten Schmetterling erblickte. Seine Flügel schimmerten in einem überaus feinen, in allen Farben schillernden Muster. Noch nie hatte die Biene ein so anmutiges Geschöpf erblickt, und sie verliebte sich von einem Augenblick zum anderen in ihn. »Ach, wie bist du zart und schön«, begann sie das Gespräch mit dem Schmetterling und wagte, auch auf der weißen Margeritenblüte Platz zu nehmen, auf der er saß. »Noch nie habe ich ein so wunderbares Wesen wie dich erblickt. Magst du mich wohl lieben?«, fragte sie. »Wir sind uns schon einmal begegnet«, begann der Schmetterling. »Nie im Leben«, unterbrach ihn die Biene, »an so ein zauberhaftes Wesen wie dich würde ich mich in jedem Fall erinnern.« »Damals war ich noch nicht leicht, anmutig und zauberhaft, wie du das jetzt ausdrückst. Damals war ich noch eine dicke, hässliche Raupe, die dich mit ihrer Liebe beschenken wollte.« Die Biene sah verwirrt zu dem Schmetterling auf. »Konntest du mich nicht in meiner früheren Gestalt lieben, so wie ich war, wie soll ich dir da heute glauben, dass dein Herz voller aufrichtiger Liebe ist, jetzt, wo ich mich zu einem schönen bunten Schmetterling hin verwandelt habe? Dein Stolz und deine Überheblichkeit haben dich blind gemacht für das Glück, das du ersehntest und mit mir hättest finden können.« Und er breitete seine prächtigen zarten Flügel aus und schwebte leicht hinweg, dem Licht des Himmels entgegen.

Christa Spilling-Nöker

»Es muss diesen Himmel geben, denn manchmal fällt ein Stern auf die Erde und wo er hinfällt, dort wachsen Blumen.«

Elias Canetti

DAS TREIBHAUS

Es war ein wunderschönes weitläufiges Anwesen, das Monsieur und Madame Lerebour nun schon seit etlichen Jahren bewohnten. Das alte Landhaus war von einem prachtvollen Garten umgeben, der von einem Gärtner liebevoll angelegt worden war. Am Ende dieses Gartens befand sich ein Treibhaus, in dem eine nicht unerhebliche Anzahl an Töpfen mit empfindsamen Blumen und Blattpflanzen überwinterte. Zugleich wurden dort schon früh im Jahr Tomaten, Paprika, Zucchini und allerlei andere Gemüse- und Salatsorten gezogen, sodass es, gerade im Frühling, eine ganz besondere Atmosphäre hatte.

Monsieur Lerebour war ein gemütlicher, rundlicher älterer Herr, der das Leben zu genießen wusste. Seine Frau hingegen war hager und stets schlecht gelaunt. Von Zeit zu Zeit färbte sie sich die Haare, las heimlich Romane, die ihr Träume vorgaukelten, deren Lektüre sie aber bestritt. Ihr haftete der Ruf an, sehr leidenschaftlich zu sein, obwohl es keinen konkreten Anlass für diese Einschätzung gab. Ihr Mann äußerte von Zeit zu Zeit: »Meine Frau, das ist vielleicht ein Weibsbild«, sodass sich wohl daraus einige Vermutungen nährten. Seit einigen Jahren war Madame Lerebour unablässig gereizt, als würde sie etwas quälen, das sie sich selbst nicht einzugestehen traute. Unentwegt beschimpfte sie ihren Mann, hieß ihn einen dummen und fetten Tölpel, der ohnehin zu nichts tauge. Immer wieder fragte der gutmütige Mann seine Gattin, worin denn der Grund für ihren Zorn auf ihn bestünde, doch stets bekam er zur Antwort, dass nichts sei und wenn, dann habe er gefälligst den Grund für ihre Unzufriedenheit zu erraten. Er saß oft stundenlang im Sessel und zermarterte sich den Kopf, was seine Frau wohl quälte, ohne dass er einen Grund dafür erkennen konnte.

Am schlimmsten waren die Nächte. Immer noch teilten sie das Ehebett miteinander. Keine Stichelei blieb ihm erspart, vor allem, was seine Fettleibigkeit betraf. Weiß Gott wie oft scheuchte sie ihn noch einmal auf, ihr eine Zeitung zu holen, in der sie noch zu lesen wünsche, oder ihr ein Heilwässerchen zu bringen, mit dem er ihren schmerzenden Rücken einreiben solle, das sie aber versteckt hatte. Wenn er es nicht fand, begannen ihre Beschimpfungen, was für ein Esel er sei, aufs Neue.

DAS TREIBHAUS

Hatte er es endlich gefunden, wollte er Céleste, das Hausmädchen, zu Hilfe rufen, aber dann begann sie erst recht zu keifen: »Du bist zu dumm, mir meinen Rücken einzureiben, wie soll ich es mit dir Trottel bloß noch länger aushalten.« »Aber mein Schatz«, rief der arme Monsieur, »ich will doch nur, dass deine Schmerzen gelindert werden.« »Ich habe jetzt keine Schmerzen mehr«, rief sie und drehte sich erbost zur Wand.

In einer lauen Frühlingsnacht aber schüttelte sie ihn dermaßen ungestüm, dass er hochschrak. »Was ist denn los?«, fragte er mit verschlafener Stimme. »Ich habe ein Geräusch gehört.« »Was für ein Geräusch?« »Was für ein Geräusch?«, äffte sie ihn nach. »Da sind Einbrecher am Werk.« »Du hast schlecht geträumt«, brummte er und wollte es sich gerade wieder in den Kissen gemütlich machen, als seine Frau aus dem Bett kletterte und ihn anfuhr: »Du bist nicht nur fett, sondern auch feige. Ich habe jedenfalls keine Lust, mir den Schädel einschlagen zu lassen.« Sprach's, nahm die Feuerzange vom Kaminbesteck und stellte sich an die Tür. Monsieur Lerebour, von der Tapferkeit seiner Frau ein wenig beschämt, schwang nun auch seine Beine über die Bettkante, griff, ohne seine Nachtmütze abzunehmen, zur Schaufel und positionierte sich seiner Frau gegenüber. So standen die beiden eine Weile hinter der Tür; doch als sich nach einer guten halben Stunde immer noch nichts gerührt hatte, begaben sie sich wieder zu Bett. »Und doch habe ich ein Geräusch gehört«, knurrte Madame Lerebour, ehe sie einschlief.

In der nächsten Nacht rüttelte Madame Lerebour ihren Gatten noch heftiger als zuvor. »Gustave, Gustave, ich habe die Gartentür quietschen hören. Da ist jemand, bestimmt ist da jemand!« Mit einer Geschwindigkeit, die man seinem behäbigen Körper gar nicht zugetraut hätte, sprang er aus dem Bett und sagte: »Ja, ich habe es auch gehört.« Er eilte ans Fenster und rief erschrocken: »Da ist wirklich jemand, ich habe einen Schatten auf dem Gartenweg entlanghuschen sehen.« Mit dem geballten Zorn des Hausherrn, in dessen Besitz man eindringt, rannte er die Treppe hinunter zu seinem Arbeitszimmer, nahm den Revolver aus der Schreibtischschublade, fauchte: »Ihr werdet es mit mir zu tun kriegen, ihr Mistkerle!«, und war auf der Stelle hinter Büschen und Sträuchern verschwunden. Dass seine Frau ihm hinterher rief: »Gustave, Gustave, lass mich nicht allein!«, hörte er schon nicht mehr. Madame Lerebour, am ganzen Körper zitternd vor Angst, verbarrikadierte sich im Schlafzimmer.

Fünf Minuten waren vergangen, zehn Minuten, aber von ihrem Mann keine Spur. Wahrscheinlich haben ihn die Einbrecher gefesselt und geknebelt, dachte sie. Ihr wäre es lieber gewesen, sie hätte fünf oder sechs Schüsse aus dem Revolver gehört. Vielleicht haben sie ihn umgebracht? Ihr wich die Farbe aus dem Gesicht, Tränen liefen ihr über die Wangen. »Gustave, Gustave«, schluchzte sie, »bestimmt werde ich dich nicht mehr wiedersehen.« In ihrer Verzweiflung läutete sie Céleste, erst einmal, dann noch ein paar Mal, aber das Mädchen reagierte nicht. Die Stille im Haus schien sie zu würgen. Sie presste die vor Angst schweißnasse Stirn ans Fenster, konnte aber keinerlei Bewegung ausmachen. Ihr Mann war jetzt seit einer Dreiviertelstunde fort. Jammernd und weinend sank sie auf die Knie, als sie ein Pochen an der Tür vernahm. Monsieur Lerebour rief: »Mach doch auf, Palmyre, ich bin's.« Kaum hatte er das Schlafzimmer betreten, zeterte sie, die Augen noch nass von den

Tränen: »Wie konntest du mich nur allein lassen. Ich bedeute dir wohl gar nichts, du elender Schuft. Ich wäre fast gestorben vor Angst, aber das scheint dir ja gleichgültig zu sein!«

Monsieur Lerebour schloss die Schlafzimmertür hinter sich und lachte, dass ihm die Tränen kamen. Er hielt seinen Bauch fest und konnte sich nicht beruhigen. Endlich stammelte er: »Es war Céleste, kein Einbrecher, nein, Céleste, sie hatte«, schon wieder wurde er von einem Lachkrampf geschüttelt, »Céleste hatte, sie hatte ein, ein«, er konnte sich immer noch nicht beruhigen, »sie hatte ein … ein, sie hatte ein Rendezvous im Treibhaus. Du hast ja keine Ahnung, was ich gesehen habe.« Und wieder schüttete er sich aus vor Lachen.
»Céleste hat in meinem … in meinen Treibhaus, zwischen all meinen Tomatenpflänzchen, Kräutern und Orchideen ein Rendezvous, sagst du? Das ist ja, das ist ja, mir fehlen die Worte, das ist ja unerhört.« Madame Lerebour schnappte hörbar nach Luft. »Warum hast du den Mann nicht erschossen?« Monsieur Lerebour umfasste seine Frau und rief, immer noch lachend: »Wenn du wüsstest, wenn du wüsstest!« Sie versuchte, sich sei-

ner Umarmung zu entziehen und stieß wütend hervor: »Morgen werde ich das Mädchen entlassen!« Doch Herr Lerebour nahm ihren Widerstand gar nicht wahr, er bedeckte ihr Gesicht über und über mit Küssen wie einst in jungen Jahren, drückte sie fest an sich und schob sie sacht zum Bett...

Am kommenden Morgen, so gegen zehn Uhr, klopfte das Dienstmädchen zaghaft an die Tür und öffnete sie besorgt einen Spalt weit, da es sonst gewohnt war, den Eheleuten zu dieser Zeit längst das Frühstück im Esszimmer serviert zu haben. Wie erstaunt war es, als es die beiden Eheleute, dicht aneinander gekuschelt und in bester Stimmung, miteinander plaudern sah. Es war ganz erschrocken und brachte nur hervor: »Der Kaffee ist fertig.« Madame Lerebour antwortete mit sehr, sehr sanfter Stimme: »Bringen Sie ihn nur herauf, wir sind noch ein wenig müde, denn wir haben in dieser Nacht sehr schlecht geschlafen.« Herr Lerebour kitzelte seine Frau ein wenig und lachte schon wieder: »Wenn du wüsstest, Liebling, wenn du wüsstest.« Da nahm sie sein Gesicht in beide Hände und küsste ihn ungemein sacht auf beide Augen.

DAS TREIBHAUS

Madame Lerebour ist seither nicht mehr übel gelaunt. Manchmal schleichen die beiden Eheleute nachts zum Treibhaus und drücken sich an den Scheiben schier die Nasen platt. Dabei schmiegen sie sich eng aneinander.

Sie haben Célestes Lohn verdoppelt.
Herr Lerebour hat stark abgenommen.
Nach einer Erzählung von Guy de Maupassant

IM GARTEN DES SULTANS

Es war einmal ein Sultan, dessen Palast von einem prachtvollen Garten umgeben war. Jeden Tag nach dem Mittagsmahl ging er zwischen all den reich bepflanzten Beeten vorüber und freute sich von ganzem Herzen daran, wie alles so herrlich wuchs und gedieh.

Eines Morgens nun, als er wie immer das Fenster öffnete, um die kühle Luft einzuatmen und sich daran zu erfrischen, erstarrte er. Sein geliebter Garten bot ein mehr als trostloses Bild. Die Blätter an den Bäumen vertrockneten; viele von ihnen waren schon zu Boden gefallen wie im Herbst, obwohl gerade erst das Frühjahr begonnen hatte. An den Sträuchern verkümmerten die jungen Triebe, an den Büschen verwelkten die Knospen und die Blumen ließen ihre Köpfe hängen oder lagen geknickt auf der Erde.

Der Sultan legte sich sein seidenes Morgengewand um und eilte in den Garten. »Was ist passiert?«, fragte er die Palme, »dass du so traurig aussiehst?« »Ich liege im Sterben, weil ich keine Trauben tragen kann«, klagte diese.

»Bedenk, dass das demütigste aller Gänseblümchen verführerischer ist als die stolzeste und glänzendste Dornrose, die uns im Frühling mit ihren durchdringenden Düften und ihren lebhaften Farben verlockt.«

Honoré de Balzac

IM GARTEN DES SULTANS

Der Sultan schritt weiter zum Weinstock. Doch der schüttelte nur seine kahlen Zweige und meinte, er müsse sterben, weil er nicht so groß werden könne wie eine Zypresse. Die Zypresse, als nächste auf ihren Kummer angesprochen, wollte nicht länger leben, weil sie nicht so wundervoll duften könne wie eine Rose. Die Rose aber hatte allen Lebenswillen verloren, weil sie nicht einem Lotos glich.

Traurig und ratlos zugleich ging der Sultan weiter, als er auf einer Wiese ein Gänseblümchen sah, dessen kleines weißes Köpfchen im Wind wiegte und das so frisch und fröhlich vor sich hin blühte wie eh und je. Der Sultan neigte sich zu dem Gänseblümchen hinab und fragte: »Wie kommt es, dass du in meinem Garten als einzige blühst?« »Ach, weißt du«, lächelte das Gänseblümchen, »wenn du an dieser Stelle eine Palme oder einen Weinstock, eine Rose oder einen Lotos gewollt hättest, dann hättest du sie hier gepflanzt. Weil du mich aber für diesen Ort ausgesucht hast und ich nichts anderes sein kann als das, was ich nun einmal bin, will ich mit all meiner Kraft ein Gänseblümchen sein.«

»Die Liebe zum Garten ist ein Same, der, einmal gesäet, nie wieder stirbt, sondern weiter und weiter wächst – eine bleibende und immer voller strömende Quelle der Freude.«

Gertrude Jekyll

DER KLEINE MISSETÄTER

In diesem Frühling war ihr die Bepflanzung der Beete mit den Sommerblumen besonders gut gelungen, fand sie. Fleißige Lieschen, Eisbegonien, Glockenblumen und Tagetes bildeten ein harmonisches Ganzes. Das Pflanzen hatte sie angestrengt, aber die Freude an der Herrlichkeit entschädigte sie reichlich für die Mühen. Es war der erste Frühling, seitdem die alte Lehrerin keinen Dienst in der Schule mehr tun musste, und sie war glücklich darüber, dass sie nun nicht mehr allein zur Ferienzeit Muße für ihren geliebten Garten hatte. Sie ging ins Haus zurück, um sich etwas auszuruhen, denn sie war seit den frühen Morgenstunden in ihrem Garten fleißig gewesen.

Als sie zurückkehrte, hatte jemand alle Blumen herausgerissen und willkürlich durcheinandergeworfen. Manche waren völlig verrupft. Die ganze Pracht war dahin. Hinter den Büschen meinte sie, ein Gesicht und einen dunklen Wuschelkopf sich bewegen zu sehen. »Wer ist da?«, rief sie, aber schon waren die dunklen Locken verschwunden. Den Fußspuren auf der weichen Erde nach musste ein Kind diese Barbarei angerichtet haben. Also

DER KLEINE MISSETÄTER

machte sich auf den Weg zur Schule, an der sie viele, viele Jahre lang unterrichtet hatte, und klopfte wenig später beim Schulleiter an. »Das ist aber schön, dass Sie einmal bei uns vorbeischauen. Wie bekommt Ihnen denn der Ruhestand?« »Eigentlich sehr gut«, antwortete sie. Und dann erzählte sie dem Schulleiter von ihrem verwüsteten Garten und dem dunklen Lockenkopf, den sie glaubte erkannt zu haben. »Ich habe eine Vermutung«, sagte der Schulleiter, »aber lassen sie uns in der Pause den Lehrer der vierten Klasse fragen.« Gesagt, getan. Auch der Lehrer musste nicht lange überlegen: »Der dunkle Lockenkopf, das kann nur Mario sein«, meinte er. »Da wollen wir den kleinen Missetäter einmal gleich vom Schulhof holen und zur Rede stellen.«

Es dauerte nicht lange, bis der Lehrer mit dem Knaben am Schlafittchen die Treppe heraufkam. Die alte Lehrerin erkannte das Gesicht und die dunklen Locken sofort. »Du hast meinen Garten zerstört!«, stellte sie fest. »Ich, ich doch nicht«, leugnete der Knabe. »Ich habe dich gesehen, wie du hinter den Büschen verschwunden bist.« Der Lehrer fuhr den Knaben schroff an: »Hör auf zu lügen! Jetzt ist das Maß voll. Du bist schon von der letzten Schule geflogen. Wir werden jetzt gleich deine Eltern benachrichtigen.« Weiter kam er nicht, als Mario mit hochrotem Kopf rief: »Nein, bitte nicht! Dann setzt es Prügel, und ich komme ins Heim!« »Nach all dem, was du im letzten Jahr hier angestellt hast, wäre das auch das Beste für dich, die Versetzung schaffst du ja sowieso nicht!«, entgegnete der Lehrer. Da schaltete sich die alte Lehrerin ein: »Lassen Sie mal!« Sie wandte sich an den Jungen. »Warum hast du das gemacht?« »Das hat Spaß gemacht«, antwortete der trotzig. »Anderen Leuten etwas kaputt zu machen bereitet dir Spaß? Wenn jemand deine Sachen zerstören würde, wie würdest du das finden?« »Hab keine Sachen.« »Ich habe eine Idee. Mario, wenn du nicht möchtest, dass deine Eltern etwas von deinem Vandalismus erfahren, dann wirst du bei mir heute Nachmittag die Blumen alle wieder einpflanzen.« »Heute Nachmittag habe ich Fußballtraining.« »Dann eben nach dem Training. Wann ist das zu Ende?« »Um vier.« »Gut, dann erwarte ich dich kurz nach vier Uhr. Du weißt ja, wo du hin musst.« »Kann ich jetzt gehen?« Der Lehrer hatte dem Gespräch erstaunt zugehört. »Ob das richtig ist? Der Junge hat endlich einmal eine ordentliche Strafe verdient.« »Lassen Sie mich mal machen«, erwiderte die alte Lehrerin, »ich kenne mich ja nun wirklich mit Kindern aus.«

Kurz nachdem die Turmuhr »Vier« geschlagen hatte, stand Mario tatsächlich vor der Tür. Mit so viel Pünktlichkeit hatte sie gar nicht gerechnet. »Was muss ich machen?« Der Junge wirkte immer noch bockig, aber die Angst vor den Eltern und dem Heim schien ihm wohl tief in den Knochen zu sitzen. »Zunächst sammelst du alle Blumen wieder ein. Und dann zeige ich dir, wo und wie du sie einpflanzen sollst.« Als das halbe Beet gerichtet war, meinte Mario: »Ich habe Durst.« Die Lehrerin reichte ihm eine Flasche mit Mineralwasser. »Haben Sie nichts anderes zu trinken?« »Tut mir leid, mit etwas anderem kann ich nicht dienen.« »Kann ich morgen weitermachen?« »Bist du schon müde?« »Ich habe Hunger.« Und als die alte Lehrerin herausfand, dass der Junge an diesem Tag noch gar nichts gegessen hatte, schlug sie ihm vor, dass er noch eine Weile weiterarbeiten solle, während sie in der Zeit für sie beide etwas kochen wollte.

Sie ging in die Küche und bereitete ein herzhaftes Essen zu. Dann rief sie den Knaben herein, mahnte ihn, seine schmutzigen Hände zu waschen, und füllte ihm den Teller. Mit einem unbändigen Appetit schaufelte der Junge das Essen in sich hinein. »Schmeckt gut, kann ich noch mehr haben?« »In welchen Fächern bist du denn so schlecht, dass deine Versetzung gefährdet ist?«, fragte die Lehrerin. »In Mathematik und Deutsch. Gut bin ich eigentlich nur in Sport.« Unvermittelt stand er nach dem Essen auf. »Muss jetzt«, meinte er. »Dann bis morgen, wieder um vier?«, fragte sie. »Morgen kann ich schon um zwei.«

Sie war erneut überrascht, dass Mario pünktlich war. Er fragte dieses Mal, wie die Blumen hießen, die er einpflanzte. Das Beet nahm allmählich wieder Gestalt an. Doch einige der Pflänzchen waren so zerstört, dass sie nicht mehr zu retten waren. »Die musst du mir von deinem Taschengeld ersetzen.« Der Junge sah sie mit offenem Mund an. »Oder du musst die Kosten dafür bei mir abarbeiten. Es gibt da noch Unkraut zu zupfen, die Rosentriebe an der Pergola festzubinden und den Rasen zu mähen. Komm, jetzt fahren wir aber erst einmal los und suchen nach Ersatz!« Mario staunte nicht schlecht, als sie die Gärtnerei betraten. Neugierig blieb er hier und da stehen und betrachtete die Pflanzen. »Ich wusste gar nicht, dass es so was gibt.« Als sie ihre Blumen gekauft hatten und das Beet fertig war, stellte sie wieder ein ausgiebiges Essen auf den Tisch. Kaum war der Teller leer, fragte Mario: »Kann ich gehen? Morgen haben wir in Mathematik eine schriftliche Prüfung.« »Und wer lernt mit dir?« Achselzucken. »Deine Eltern?« Nach und nach erfuhr die alte Lehrerin, dass beide Eltern den ganzen Tag über arbeiten mussten und er samt seinen Geschwistern sich selbst überlassen war. »Na, dann hol mal dein Heft heraus, vielleicht kann ich ja mit dir üben?« Es war das erste Mal, dass sie ein Lächeln auf dem Gesicht des Jungen sah. »Können wir das bitte im Garten machen?«

Einige Tage später läutete es Sturm. Die alte Lehrerin hatte sich gerade ein wenig hingelegt und fragte sich, wer sie denn jetzt aus dem Bett klingeln würde. »Ich habe eine Drei in Mathe geschrieben!« Sie hatte die Tür noch gar nicht ganz geöffnet, als ihr diese frohe Botschaft entgegenschlug. »Können wir heute Deutsch üben?« »Heute Nachmittag habe ich etwas vor, aber morgen können wir zusammen üben. Vorher musst du dann

DER KLEINE MISSETÄTER

aber noch Unkraut zupfen.« »Abgemacht!« Und schon war der dunkle Lockenschopf wieder verschwunden.

So ging es von Mai bis Juli. Inzwischen hatte die alte Lehrerin den kleinen Kerl ins Herz geschlossen. Sie freute sich, wenn er kam, genoss den unbändigen Appetit, den der Junge stets mitbrachte, und hatte Spaß daran, mit ihm die Hausaufgaben durchzugehen. Im Juni pflückte er die Johannisbeeren, dann die Erdbeeren, von denen allerdings nicht allzu viele in der Schüssel landeten. Sie wies ihn an, das Verblühte aus Stauden und Rosen zu schneiden, und konnte sich darauf verlassen, dass er den Rasen mähte, wenn es an der Zeit war. Der Prophezeiung seines Klassenlehrers zum Trotz gelang ihm die Versetzung. Danach sah und hörte sie nichts mehr von dem Knaben. Sie musste sich eingestehen, dass er ihr fehlte. Nun, so sind die Kinder eben, dachte sie, aber über ein »Danke« hätte ich mich schon gefreut.

Es mochten wohl zehn Jahre vergangen sein, als die Türglocke schellte. Langsam öffnete die Lehrerin die Tür und sah vor sich einen sonnengebräunten jungen Mann mit dunklen Locken. »Erkennen Sie mich denn nicht mehr?« Sie schüttelte verwirrt den Kopf. »Ich bin Mario, der Junge, den Sie vor den Prügeln der Eltern und vor dem Heim bewahrt haben. Wie geht es Ihnen?« »Mario, ja, kommen Sie herein! Das ist ja eine Überraschung.« Er drückte ihr einen großen Blumenstrauß in die Hand. »Kaffee oder Tee?«, fragte sie und setzte mit einem verschmitzten Lächeln hinzu, »zu essen habe ich leider gerade nichts vorbereitet ...« »Wir waren damals plötzlich umgezogen, in die Nähe von Verwandten, die uns finanziell unter die Arme gegriffen haben. Es hat dann eine Weile gedauert, bis ich begriffen hatte, dass ohne Ihre Hilfe wohl nichts aus mir geworden wäre. Sie haben mir gezeigt, dass ich etwas erreichen kann, wenn ich nur will. Ich habe die Hauptschule mit einem guten Zeugnis verlassen und bin Gärtner geworden. Wenn ich Ihr Blumenbeet nicht verwüstet hätte und Sie mich nicht gezwungen hätten, es wieder herzurichten, hätte ich meine Liebe zur Pflanzenwelt wohl nie entdeckt.« Jetzt mussten beide von Herzen lachen. »Ich lebe jetzt wieder hier und arbeite seit Kurzem in der Gärtnerei, in der wir damals die Blumen nachgekauft hatten, die meiner Zerstörungswut zum Opfer gefallen waren. Von nun an werde ich Ihren Garten Jahr für Jahr kostenlos bepflanzen und pflegen. Darauf können Sie sich verlassen!« Und dann nahm er die alte Lehrerin liebevoll in die Arme.

Christa Spilling-Nöker

»Ein großes Lebendiges
ist die Natur,
und alles ist Frucht,
und alles ist Samen.«

Friedrich von Schiller

DAS GESCHENK DER LÖWIN

Vor langer Zeit herrschte einmal in einem fernen und fremden Land ein gütiger und weiser König. An jedem Vormittag hielt er sich mit seinen Wesiren und einigen Damen des Hofstaates in einem großen Saal auf, in dem geplaudert und gesungen, gegessen und getrunken wurde. Sobald die Palastwachen meldeten, dass ein Einwohner des Reiches gekommen sei und ein Anliegen vorzutragen habe, begab sich der König unverzüglich in den Audienzsaal und hörte sich dessen Kummer aufmerksam an.

Eines Tages erschien zu eben solcher Stunde plötzlich eine Löwin am Tor. Die Palastwachen schrien so laut: »Ein Löwe, ein Löwe«, dass der König gar nicht erst gerufen werden musste, und brachten sich so schnell wie möglich in Sicherheit. Der König aber setzte sich ruhig und gelassen auf seinen Thron und blickte die Löwin freundlich an. Sie war völlig ausgezehrt, sodass er als Erstes den Koch herbeiorderte: »Bring doch bitte ein großes Stück Fleisch aus unserer Vorratskammer, dass sich das arme Tier sattfressen und wieder zu Kräften kommen kann!« Dem Koch war nicht recht wohl bei der Sache. Aus sicherer Entfernung warf er dem Tier eine halbe Gazelle vor. Die Löwin stürzte sich gierig darauf und verschlang das Fleisch in kürzester Zeit. Währenddessen sah der König, dass sie auf einer Seite vom Pfeil eines Jägers getroffen worden war. Vor Schmerzen hat sie wohl nicht mehr jagen können, dachte er und ließ seinen Leibarzt rufen, damit dieser den Pfeil aus dem Tier zöge. Mit schlotternden Knien und kreidebleich im Gesicht näherte sich dieser der Löwin, holte tief Luft und zog den Pfeil heraus. Der König beruhigte das Tier während der ganzen Prozedur mit besänftigenden Worten. Nachdem der Arzt noch eine schmerzlindernde Salbe auf die Wunde gestrichen hatte, schlich sich das mächtige Tier wieder davon.

Einige Wochen später gellten erneut Schreckensrufe durch den Palast: »Ein Löwe, ein Löwe!« Wieder stand eine Löwin vor dem Tor; doch während erneut alle das Weite suchten, hatte der König sofort erkannt, dass es die gleiche Löwin war, die er unlängst von seinem Koch hatte füttern und von seinem Arzt behandeln lassen. Im Maul trug sie ein großes Blatt. Sie scharrte ein kleines Loch, ließ das Blatt fallen, sodass einige Samenkörner in die Grube purzelten. Schnurrend schlich sie sich wieder von dannen.

Der König hatte sofort begriffen: Die Löwin hat uns aus Dankbarkeit ein Geschenk gebracht. Er wies einen Gärtner an, die Samenkörner der Mulde wieder zu entnehmen, dafür am Eingang zum Palastgarten ein eigenes Beet einzurichten und sie dort in die Erde zu legen. Schon nach kurzer Zeit begannen die Samen zu sprießen und wuchsen in den kommenden Wochen zu prachtvollen Pflanzen heran. Der König freute sich an ihren wunderschönen Blüten, war aber noch mehr erstaunt, als die Früchte nach und nach immer größer wurden. Zunächst glichen sie einer Erbse, dann einem Apfel, bis sie die Größe eines Menschenkopfes erreicht hatten. Seine Untertanen, die durch den königlichen Palastgarten gehen mussten, wenn sie sich zur Audienz ihres Herrschers begaben, munkelten über diese seltsamen Gewächse. Mehr und mehr setzte sich die Meinung durch, dass diese riesigen Früchte giftig seien und jeder, der von ihnen kostete, sterben müsse.

DAS GESCHENK DER LÖWIN

Der König lächelte nur und ließ, um das Volk zu beruhigen, rings um das Beet einen hohen Zaun errichten. Eines Nachts aber schlich er durch die Pforte, die zu dem verborgenen Beet führte, erntete eine der Früchte und zerteilte sie mit dem Messer. Das Fruchtfleisch roch verführerisch süß und die Samenkörner sahen aus wie die, die ihm einst die Löwin gebracht hatte. Der König gab sicherheitshalber zunächst einem Esel und später auch einigen Ziegen davon zu fressen. Die Tiere genossen die ungewohnte Speise und konnten nicht genug davon bekommen. Als sie auch nach einigen Tagen noch von bester Gesundheit waren, kostete der König schließlich selbst davon und war von dem Geschmack und der Süße der Frucht hellauf begeistert.

Am nächsten Morgen befahl er seinen Gärtnern, zahlreiche dieser Früchte zu ernten, aufzuschneiden und die Kerne zu entfernen und aufzuheben. Das Fruchtfleisch aber ließ er, in kleine Stücke zerteilt, an seinen Hofstaat verteilen und fragte, wie ihnen die Frucht schmecke. Übereinstimmend meinten alle, dass sie noch nie so etwas Köstliches genossen hätten, und fragten, was das denn sei. »Ihr habt gerade alle von den Früchten gekostet, deren Samen uns seinerzeit die dankbare Löwin gebracht hatte und von denen ihr befürchtet hattet, sie könnten uns vergiften. Wir wollen nun zahlreiche Beete in dem Palastgarten dafür anlegen, damit sie dort wachsen und gedeihen und viele Menschen in meinem Königreich diese bisher bei uns unbekannten Früchte genießen können.«

So geschah es. Im kommenden Sommer wurden die süßen, saftigen Früchte auf den Märkten des Landes verkauft. Nach und nach verbreiteten sich die Melonen, die einst die dankbare Löwin zu den Menschen gebracht hatte, über die Gärten des Königs hinaus und gedeihen nun weltweit in den südlichen Ländern der Erde.

Nach einem Märchen aus Israel

»Die meisten Menschen wissen gar nicht, wie viel Pracht in den kleinsten Dingen, in einer Blume, einem Stein, einer Baumrinde oder einem Birkenblatt sich offenbart.«

Rainer Maria Rilke

DIE ZERSTRITTENEN BÄUME

Es war Frühling, die Sonne schien und im Garten blühten Blumen und Bäume um die Wette, dass es nur so eine Pracht war. Besonders der Apfel- und der Kirschbaum waren der ganze Stolz ihres Besitzers. Er hatte sie erst vor wenigen Jahren nebeneinander gepflanzt und freute sich täglich an ihnen.

Nun begab es sich eines Tages, dass sich der Apfelbaum gegenüber dem Kirschbaum empörte: »Deine Wurzeln reichen ein wenig tiefer in die Erde als die meinen, du nimmst mir das ganze Regenwasser weg. Du solltest dich schämen!« Der Kirschbaum reagierte empört. »Immer, wenn wir gedüngt werden, bist du es, der die Nährstoffe in sich aufsaugt. Wie soll ich Früchte bringen, wenn du mir das Beste vorenthältst?« So ging es wohl eine ganze Weile hin und her, ohne dass die beiden Einigkeit erzielen konnten. Die Kluft zwischen den beiden Bäumen wurde nach und nach so groß, dass sich diese in der kommenden Zeit auch nach außen hin zeigte. Jeder Baum krümmte seinen jungen Stamm weg vom anderen, sodass ihre Zweige sich nicht mehr berührten: Der eine wuchs nach links und der andere nach rechts. Ihr Besitzer staunte nicht schlecht, als er das merkwürdige Wachstum seiner beiden Bäumchen sah, konnte sich aber keinen Reim darauf machen. Er wälzte in Gartenbüchern, fragte mehrere Gärtner, aber nirgendwo fand er eine schlüssige Antwort auf seine Fragen. Nun, dann müssen sie eben so wachsen, wie sie wollen, dachte er. Doch durch den veränderten Wuchs breitete sich im kommenden Jahr der Schatten ihrer Kronen auf die Beete ganz anders aus als zuvor, sodass die Blumen, kaum hatten sie Knospen bekommen, aus Mangel an Sonnenlicht eingingen. Der ganze Garten sah sehr traurig aus.

Wieder einmal war es Frühling geworden, als die beiden Bäume bemerkten, dass Käfer, Ameisen, Bienen und Schmetterlinge sie mieden und dass die Amseln sich nicht mehr in ihre Zweige setzten, um zu singen. Schließlich fragte jeder von beiden unabhängig voneinander die Tiere, warum sie sich von ihnen fernhielten. Da erwiderte die Amsel, stellvertretend für die anderen Tiere: »Ach, in euren Ästen ist es mir zu kalt und ungemütlich. Von euch geht so eine tiefe Feindseligkeit aus, dass ich mich dort nicht wohlfühle, ja dass ich dort in-

DIE ZERSTRITTENEN BÄUME

nerlich friere.« Zwitschernd flog sie zu dem rosa blühenden Mandelbäumchen im Nachbargarten. Die beiden Bäume waren plötzlich ganz still und traurig geworden, und als sich an ihren Stämmen ein Tropfen Harz löste, sah es aus, als würden sie weinen. Und danach war beiden auch zumute. Als es Nacht geworden war, wagte der Kirschbaum, einen seiner Zweige in die Richtung des Apfelbaums zu lenken. Einer muss ja den Anfang machen, dachte er, so schwer es ihm auch fiel. Wie überrascht war er, als er er einen Zweig des Apfelbaums spürte, der sich ihm in der Mitte entgegen neigte. Der Mond, einziger Zeuge dieses Geschehens, lächelte nur und schwieg. Von nun an wuchsen die beiden Bäume wieder zusammen. Ein bisschen seltsam sahen sie ja aus mit den Verkrümmungen, die sie aufgrund ihres Streites bekommen hatten. Aber beide waren froh, dass das Leben nun wieder bei ihnen Einzug hielt. Die Käfer krabbelten munter über ihre Wurzeln, die Ameisen liefen wieder über ihre Rinden, Bienen und Schmetterlinge schwirrten in ihren Blüten umher, die Blumen bekamen genug Licht, um neu aufzublühen, und auch die Amseln zwitscherten wieder fröhlich in ihrem Geäst.

»Willst du das Glück kennenlernen, werde so still, dass du das Sich-Öffnen der Blüte hörst.«

Aus Japan

DER GARTEN DER KINDER

Jeden Tag nach Schulschluss liefen die Kinder in den Garten des Riesen, um dort zu spielen. Es war ein wunderschöner Garten, der seinesgleichen suchte. Der Rasen war samtweich und von Gänseblümchen durchblüht, und überall standen Apfel-, Pfirsich- und Kirschbäume, die den Garten im Frühjahr in einen Blütentraum verwandelten. Zahllose buntgefiederte Vögel hockten in den Zweigen und sangen die zartesten Melodien, sodass die Kinder manchmal in ihrem Spiel innehielten und dem Gesang lauschten oder sogar mitsangen. Die Zeiten, die sie in diesem Garten verbrachten, kamen ihnen vor, als lebten sie mitten im Paradies.

Als sie eines Tages ganz in ihr Spiel versunken waren, stand plötzlich der Riese vor ihnen. Er war sieben Jahre lang bei seinem Freund gewesen, doch nun war ihnen der Gesprächsstoff ausgegangen und er war zu seinem Schloss zurückgekehrt. Mit plumpen Schritten trampelte er über den Rasen und zertrat dabei unbedacht Hälmchen und Blumen. Die Kinder erschraken mächtig vor dieser übergroßen Gestalt, noch mehr aber ob seiner garstigen Stimme, mit der er brüllte: »Was fällt euch ein, hier zu spielen? Das ist mein Garten! Raus mit euch, aber auf der Stelle!« Den letzten Satz hätte er gar nicht mehr zu sagen brauchen, denn die Kinder stoben in ihrer Angst in alle Himmelsrichtungen davon. Am kommenden Tag errichtete der Riese eigenhändig eine hohe Mauer aus dicken Steinen um den Garten und brachte dort ein Schild an, auf dem in großen Buchstaben geschrieben stand: BETRETEN VERBOTEN. Aber das hätte er sich auch sparen können, denn keines der Kinder traute sich auch nur in die Nähe des Gartens. Sie waren sehr traurig, weil sie nun nicht wussten, wo sie spielen sollten. Sie versuchten es auf der Landstraße, aber die war viel zu staubig. Manchmal weinte eines von den Kleinen, weil es an die schöne Zeit zurückdachte, die nun vorüber war.

Inzwischen war der Winter vergangen und das Frühjahr brach an. Überall blühten Blumen und Bäume auf, die Vögel sangen, und der zarte Duft der Veilchen durchwob die Luft. Nur im Garten des Riesen wollte sich die kalte Jahreszeit nicht verabschieden. Die Zweige waren grau und kahl, denn nicht eine einzige Knospe brach an ihnen auf. Auch die Blumen konnten sich nicht ent-

DER GARTEN DER KINDER

scheiden, ihre Triebe ergrünen zu lassen. Einmal steckte ein kleiner Krokus ganz vorsichtig, ein wenig keck vielleicht, sein gelbes Köpfchen hervor; als er aber das Verbotsschild an der Mauer sah, zog er sich ganz schnell wieder in die Erde zurück. So bot sich an allen Ecken und Enden ein mehr als trostloser Anblick. Frost und Kälte richteten sich innerhalb der Mauern häuslich ein und riefen auch Hagel und Schnee als ihre Gesellen zu sich. Der Sturm fegte über das Schloss hinweg, dass Fenster und Türen geradezu erzitterten und jede Hoffnung auf Leben schon im Keim erstickten. Allmählich graute es selbst dem Riesen vor diesem nicht enden wollenden Winter. Ihn fröstelte und er zog seine dicke Decke noch fester um sich. Sonderbar ist es in diesem Jahr, dass der Frühling so gar nicht kommen will, dachte er.

Jenseits des Schlosses hatte der Sommer die Gärten mit einer Fülle an Blüten und Beeren gesegnet, die Herbstfrüchte leuchteten golden im Sonnenlicht, und die bunten Blätter des Oktobers wehten über Gärten und Felder. Im Garten des Riesen aber tanzten die Schneeflocken ohne Ende weiter.

Doch was war das? Er reckte sich und horchte ganz genau hin: War das nicht eine wundervolle Melodie, die da an seine Ohren drang? Oder unterlag er einer Sinnestäuschung? Hastig ging er ans Fenster und öffnete es. Ja, das war tatsächlich ein wundervolles Vogelkonzert, das er vernahm. War der Frühling nun endlich doch noch gekommen? Aber was er dann in seinem Garten erblickte, raubte ihm den Atem. Die Sonne hatte Frost und Eis mit ihren wärmenden Strahlen vertrieben; die Bäume blühten in solcher Pracht, wie er sie zuvor nie erlebt hatte. Blumen verströmten einen betörenden Duft, und Schmetterlinge schwebten von einer Blüte zur anderen. Für einen Augenblick war er von diesem Anblick überwältigt. Als er genauer hinschaute, sah er, dass in jedem Baum ein Kind saß. Die Kleinen waren durch ein Loch in der Mauer gekrochen und hatten sich auf die Bäume verteilt. Nur in einer Ecke herrschte noch Winter. Unter dem Baum dort stand ein kleiner Junge, der zu klein war, um in die Krone klettern zu können. Er lief immer wieder um den Baum herum und weinte bitterlich; doch so tief der Baum seine Äste auch neigte, gelang es dem Kleinen nicht, sie fassen zu können. Was war ich doch für ein eigensüchtiger Narr, dachte der

DER GARTEN DER KINDER

Riese bei sich, dass ich die Kinder seinerzeit aus meinem Garten vertrieben habe.

Mit großen Schritten eilte er in den Garten und hoffte inbrünstig, die Kinder durch sein Erscheinen nicht wieder in Angst und Schrecken zu versetzen, sodass sie davonliefen. Die aber nahmen ihn in ihrem Vergnügen gar nicht wahr; und schon war er bei dem Kleinen und hob ihn geschwind in die Äste hinauf. Da legte der Kleine seine Ärmchen um den Hals des Riesen und gab ihm einen Kuss auf den Mund. Nun hatten Frost und Schnee keine andere Wahl, als auch diesen Baum freizugeben, sodass der Frühling endlich auch in dieser Ecke des Gartens einzog und der Baum von einem Augenblick auf den anderen zu blühen begann. Schon saßen Scharen an bunten Vögel in seinen Zweigen und stimmten in die Melodie der anderen mit ein. Als die Kinder sahen, dass der Riese nicht mehr böse war, kletterten sie geschwind von den Bäumen herunter, bildeten einen Kreis um ihn, tanzten und sangen die schönsten Lieder, die sie kannten. Dem Riesen standen die Tränen der Rührung in den Augen. Er nahm eine mächtige Axt, hieb damit die Mauer nieder und sagte: »Liebe Kinder,

der Garten gehört von nun an euch. Ihr könnt immer, wenn ihr Lust darauf habt, hierher zum Spielen kommen. Und ihr dürft von allen Früchten der Bäume und Sträucher pflücken, was euch schmeckt, so viel, wie ihr wollt.«

Von nun an tollten die Kinder wieder jeden Tag nach der Schule in dem Garten herum und die Erwachsenen staunten nicht schlecht darüber, dass der Riese, den sie bisher nie zu Gesicht bekommen hatten, auf dem Rasen lag und mit den Kleinen spielte. »Wo ist denn euer kleiner Freund, den ich auf den Baum gehoben habe?«, fragte der Riese. »Das wissen wir nicht«, riefen die Kinder. »Wo wohnt er denn?« »Das können wir dir auch nicht sagen, denn wir haben ihn noch nie zuvor gesehen.« Der Riese wurde sehr traurig, denn er liebte den Kleinen sehr, weil er ihn geküsst hatte.

Die Jahre gingen dahin. Der Riese freute sich an seinem Garten und den Kindern, aber allmählich war er alt und grau geworden. Er hatte nun keine Kraft mehr, mit den Kleinen zu spielen, sah ihnen aber von seinem Lehnstuhl aus voller Freude zu.

DER GARTEN DER KINDER

Inzwischen war der Winter wieder über das Land gekommen; aber der Riese fürchtete sich nicht mehr davor, weil er wusste, dass Bäume, Blumen und Sträucher unter der wärmenden Frühlingssonne wieder neu ausschlagen und aufblühen würden. Mit sehnsüchtigem Herzen schweifte sein Blick über den verschneiten Garten, als er plötzlich mit großem Erstaunen sah, dass in der hintersten Ecke ein Baum über und über mit weißen Blüten bedeckt war. Die Äste waren aus purem Gold und an ihnen hingen Blätter aus Silber und Blüten aus Edelsteinen. Darunter stand der Kleine, der den Riesen einst geküsst und den dieser seither so tief in sein Herz geschlossen hatte. So schnell er konnte, hastete der Riese die Treppe hinunter und begab sich zu dem Kind, das ihm seine geöffneten Hände entgegenstreckte, an dem die Wundmale von zwei Nägeln zu sehen waren. »Wer hat dir das angetan?«, schrie der Riese wütend. »Auf der Stelle werde ich mein Schwert nehmen und ihn umbringen!« »Nicht doch«, sagte das Kind, und dem Riesen schien, als sei es von einem hellen Strahlenkranz umgeben. »Das sind die Wunden der Liebe.« Dem Riesen wurde ganz wundersam in seinem Herzen, er sank vor dem Kind in die Knie und fragte, wer es sei.

DER GARTEN DER KINDER

Das Kind lächelte und über seinem Gesicht lag ein seltsamer Glanz. »Du hast mich in deinem Garten spielen lassen«, antwortete das Kind, »nun nehme ich dich mit in den meinen. Heute noch wirst du den Garten des Paradieses betreten.« Als die Kinder an diesem Tag nach der Schule herbeigelaufen kamen, fanden sie den Riesen tot unter dem Baum im letzten Winkel des Gartens liegen, über und über mit weißen Blüten bedeckt.

Nach einer Erzählung von Oscar Wilde

DIE ROSE UND DER IGEL

Zwischen Margeriten, Glockenblumen, Malven und Rittersporn stand eine einsame rote Rose und blühte in der warmen Sonne wundervoll auf. Ihr dunkles Rot gab einen herrlichen Kontrast zu den Blumen rings um sie herum und mit ihrem betörenden Duft lockte sie die seltsamsten Schmetterlinge, Hummeln und Bienen an. Sie genoss es, wenn sie von den Insekten in ihrer Blüte ein wenig gekitzelt wurde, war aber jedes Mal aufs Neue traurig, wenn sie spürte, dass die vorübergehend als so zärtlich erlebten Besucher sie schnell wieder verließen.

Tief in ihrem Rosenherzen sehnte sie sich nach einer dauerhaften Beziehung mit einem Wesen, das ihr ähnlich war. Bisweilen hatten schon einmal ein Eichhörnchen oder eine Maus versucht, ihre nähere Bekanntschaft zu machen, sich aber, sobald sie ihr auch nur ein wenig nahe gekommen waren und ihre spitzen Dornen zu spüren bekommen hatten, verletzt und enttäuscht zurückgezogen. Ich bin eben eine Rose, dachte sie bekümmert in ihrem Herzen. Und zu meinem Wesen gehören nun einmal auch die Stacheln, die ich nach au-

»Das Herz und die Rose sind das einzig Unvergängliche.«

Paracelsus

DIE ROSE UND DER IGEL

ßen hin zeige, damit ich mich gegen all jene wehren kann, die mir zu nahe treten oder die mich brechen wollen.

Wieder einmal war ein einsamer Tag im Leben der Rose verflossen, als im Dämmerlicht ein Igel zu ihr heranhuschte. »Du duftest so wunderbar«, sagte der Igel, »darf ich dir wohl etwas näher kommen?« »Aber ja doch«, antwortete die Rose. Der Igel kam dieser Aufforderung gerne nach und wollte sich gerade gemütlich an die Rose kuscheln, als diese aufschrie. »Du tust mir weh, sei doch bitte vorsichtig!« Der Igel zog sich erschrocken ein Stück weit zurück. »Du hast ja ganz borstige Stacheln«, sagte die Rose. »Ja, die habe ich«, antwortete der Igel. »Wozu brauchst du die?«, fragte die Rose. »Damit ich mich wehren kann, falls mir jemand zu nahe kommt«, antwortete der Igel. »Das verstehe ich gut«, meinte die Rose. »Da geht es dir ja ganz ähnlich wie mir!« »Das weiß ich nicht, denn du hast mir noch nichts von dir erzählt«, gab der Igel zurück.

Die Rose schwieg eine Weile. Dann begann sie: »Ich sehne mich so sehr danach, dass sich jemand in meine

Nähe traut und wagt, mich zu berühren, ganz sacht, ohne mir wehzutun. Aber zugleich habe ich auch eine unendliche Angst davor. Es könnte ja sein, dass ich durch die Berührung verletzt werde und danach nicht mehr so weiterleben und -blühen könnte wie bisher.«

Der Igel hatte sich unter der Rose zusammengerollt und ihren Worten schweigend gelauscht. »Das ist genau der Grund, aus dem auch ich meine Stacheln trage«, erwiderte er ernst. Ich habe eine so zarte Haut, dass ich stets alle Stacheln ausfahre, damit mir nur niemand zu nahe tritt.« »Dann sind wir einander ähnlich«, meinte die Rose und ihr Herz begann, schneller zu schlagen. »Das sieht ganz so aus«, freute sich auch der Igel. »Darf ich jetzt wieder etwas näher kommen?« »Ein wenig«, antwortete die Rose. »Aber sei vorsichtig!« »Au«, schrie er plötzlich auf. »Hast du dich etwa an einer meiner Dornen verletzt?«, wollte die Rose wissen. »Ja«, antwortete der Igel kläglich. Doch er gab noch nicht auf. Ganz behutsam suchte er an der Rose eine Stelle, an der keine Stacheln wuchsen. Dort gelang es ihm, auch seine eigenen Stacheln soweit einzuziehen, dass er hoffte, der Rosen keine Schmerzen zu bereiten. »Ist es gut so?«, fragte er leise. »Es kitzelt ein wenig«, kicherte die Rose, »aber es tut nicht weh. Bleib ruhig so liegen.« »Wir müssen es eben jede Nacht ein wenig üben«, meinte der Igel. »Was üben?«, fragte die Rose zurück. »Dass wir uns nah sein können, ohne einander wehzutun«, antwortete der Igel liebevoll. »Ja«, meinte die Rose schläfrig. Schon lange nicht mehr hatte sie sich in ihrem Rosendasein so wohl gefühlt. Ein sachter Wind fuhr ihr durch Blüten und Blätter, als sie spürte, dass der Igel, ganz nah an sie angelehnt, in einen wohligen Schlaf versunken war.

Christa Spilling-Nöker

»Dumme rennen,
Kluge warten,
Weise gehen
in den Garten.«

Rabindranath Tagore

DAS BAUMWUNDER

In Israel lebte einst ein frommer Mann, der sich stets an die Gebote Gottes hielt. Er konnte den schönsten Garten weit und breit sein Eigen nennen. Die Blumen dufteten himmlisch, Bienen und Schmetterlinge sogen den Nektar aus den Blüten, und die Vögel sangen so lieblich, dass es einem warm ums Herz wurde. Eine hohe Mauer umgab den Garten, um ihn vor wilden Tieren oder Eindringlingen zu schützen. Die Nachbarn sagten oft zu seinem Besitzer, dass der Garten Eden, den Gott am Anfang erschaffen hatte, nicht schöner hätte gewesen sein können.

Eines Tages ging er wieder einmal in seinem Garten spazieren und freute sich daran, dass alles so gut wuchs und gedieh. Da entdeckte er mit Schrecken, dass jemand ein Loch in die Mauer gebrochen hatte. Schon eilte er zum Haus, um Steine zu holen und das Loch zu schließen, als ihm einfiel, dass es Sabbat war. Wenn ich die Mauer jetzt instand setze, entweihe ich den heiligen Sabbat, dachte er. Er besann sich einen Augenblick lang und behob den Schaden nicht.

DAS BAUMWUNDER

Am nächsten Morgen eilte er in aller Frühe hinaus, um nachzusehen, ob in der Nacht Gemüse gestohlen oder Blumen zerstört worden waren. Da erblickte er zu seinem großen Erstaunen, dass unmittelbar vor dem Loch in der Mauer ein riesiger Baum mit einem mächtigen Stamm wuchs, sodass niemand unbefugt in den Garten gelangen konnte. Der Baum trug in seiner mit glänzenden grünen Blättern gefüllten Baumkrone dreierlei Früchte, von denen der fromme Mann und sein ganzes Gesinde sich fortan ernähren konnten. Und er lobte und pries Gott, der seinen Garten des Nachts behütet hatte, weil ihm das Sabbatgebot heilig geblieben war.

Nach einer jüdischen Erzählung

UNTER DEM KIRSCHBAUM

Der Wetterbericht hatte einen besonders sonnigen und warmen Sommertag angekündigt, und so packte ich schon in aller Frühe meinen Rucksack und brach zu einer größeren Wanderung auf, die ich schon seit Langem geplant hatte. Ich hatte mir meine Wanderroute genau festgelegt und freute mich auf den vor mir liegenden Tag. Der Gesang der Vögel gab mir Geleit, der Tau glitzerte noch auf den Grashalmen und die Morgensonne zauberte einen erwartungsvollen Glanz über Wald und Wiesen. Die ganze Welt erschien mir in ihrer nahezu vollendeten Schönheit voller Poesie, die mich zu den wundersamsten Träumen in meiner Seele verführte. Es gelang mir rasch, in wenigen Stunden den ersten Hügel zu überschreiten und das dahinter liegende Tal zu erreichen. In meinen Gedanken formte sich eine ganze Lebensphilosophie, als ich mit einem Mal innehielt und feststellen musste, dass ich von der Wanderroute, die ich mir für diesen Tag vorgenommen hatte, abgekommen war und nicht mehr im mindesten wusste, wo ich mich überhaupt befand. Ich hatte nur geringe Vorräte an Proviant mitgenommen, denn nach meinem Plan hätte ich um diese Zeit an ei-

»Auch krumme Bäume
tragen Früchte.«

Sprichwort

UNTER DEM KIRSCHBAUM

nem Wirtshaus vorbeikommen müssen, in dem ich hatte einkehren wollen. Zum Glück entdeckte ich nach kurzer Zeit ein einsam gelegenes altes Haus, umgeben von einem wundervollen Bauerngarten. Der Phlox war von Bienen umsummt, und die Strauchrosen überwucherten den leicht brüchig anmutenden, wohl vor längerer Zeit einmal blau angestrichenen Gartenzaun. Ich nahm all meinen Mut zusammen und klingelte. Schon kurz darauf öffnete eine freundliche junge Frau und fragte nach meinem Anliegen. Ich erklärte ihr meine Situation und bat um ein Glas Wasser. Sie ließ mich ins Haus und lud mich ein, im Schatten des alten Kirschbaums auf einer gemütlichen alten Bank Platz zu nehmen. Es dauerte auch nicht lange, als sie mit frischer Milch und kühlem Brunnenwasser wieder da war. Ich solle mir doch für meine Pause genügend Zeit nehmen, meinte sie, sie müsse nur schnell nach den Kindern sehen. Außerdem habe sie einen Kuchen im Ofen. Und wenn ich genügend Zeit hätte, solle ich doch warten, bis er fertig sei, dann dürfe ich ihn auch kosten. Geschwind verschwand sie wieder im Haus. Ich setzte mich auf die schmiedeeiserne Bank unter dem Kirschbaum, genoss die kühle Milch und das frische Wasser und betrachtete

UNTER DEM KIRSCHBAUM

in aller Ruhe den Garten, der mich umgab. Wege und Beete waren gepflegt, dennoch hatte die ganze Anlage etwas Natürliches und Lebendiges, ja gleichsam etwas Verwunschenes an sich, das mich auf seltsame Weise anrührte, sodass ich ins Träumen verfiel.

Durch den langen Weg müde geworden, lehnte ich mich schließlich behaglich zurück und döste ein wenig vor mich hin, als ich plötzlich im Rauschen des Windes eine leise Stimme wahrzunehmen schien. »Du bist fremd hier, nicht wahr?«, schien mich der Kirschbaum zu fragen. »Ja«, antwortete ich ebenso behutsam. »Ich habe mich verlaufen«, ergänzte ich, als der Baum antwortete: »Vielleicht hat dich auch ein gutes Geschick hierhergeführt.« »Wieso ein gutes Geschick?«, fragte ich zurück. »Weil du meine Geschichte hören sollst«, antwortete der Baum geheimnisvoll. »Deine Geschichte?« Ich war erstaunt. »Weißt du«, begann er, »es ist mir nicht immer so gut gegangen wie heute.« Er schwieg eine Weile, als würde es ihm schwerfallen, von einer Zeit zu sprechen, die längst vorüber war, die aber doch ihre Spuren in ihm hinterlassen hatte. »Es ist lange her«, begann er zaghaft. »Ich war damals noch ein ganz junger Baum, ja, man könnte mit Fug und Recht behaupten, dass ich eigentlich ein Bäumchen war, als mich die Familie, die hier früher gewohnt hat, gekauft und in ihren Garten gepflanzt hatte. Ich fühlte mich anfangs so wohl in der frischen Erde, dass es mir unglaublich viel Freude bereitete, zu wachsen und meine Zweige in alle Himmelsrichtungen auszudehnen. Unter meinen Ästen wuchsen die herrlichsten Blumen, und in meinen Zweigen begannen die Amseln ihre Nester zu bauen. Aber das Glück währte nicht lange.«

Er schwieg einen Augenblick und mir schien, als läge ein tiefes Seufzen in dem Rauschen seiner Blätter. »Und wie ging es weiter?«, fragte ich gespannt. »Dann«, begann er zögerlich, »nahmen sie etwas Furchtbares in die Hand, das sie Schere oder Säge nannten. Zuerst musste die Buchsbaumhecke dran glauben, die so fröhlich vor sich hin wuchs. Die ihr zugestandene Höhe wurde mit dem Zollstock ausgemessen – und dann ging es los. Als sie völlig akkurat aussah, wurden die herrlichen Rosensträucher beschnitten, selbst dann, wenn ihre Triebe Knospen trugen. Nicht die Natürlichkeit der Blumen gab den Ausschlag, sondern das zuvor errechnete Maß, das einer Pflanze zum Wachsen und Blühen zugestanden wurde. Alles sah sehr ordentlich aus, aber zugleich auch unendlich traurig. Die Blumen ließen die Köpfe hängen und weinten leise vor sich hin, aber niemand schien ihre Trauer zu bemerken.«

»Es dauerte nicht lange«, fügte er nach kurzer Pause hinzu, »bis natürlich auch ich an der Reihe war. Meine vorwitzig ausgestreckten Äste wurden abgesägt, und mir wurde eine Form verpasst, die überhaupt nicht mit meiner Natur übereinstimmte. Selbst die Vögel, erschreckt durch den Lärm der Säge, schienen das zu spüren und suchten sich andere Nistplätze.« Die Stimme des Baumes klang jetzt sehr traurig, sodass mir selbst fast die Tränen kamen. »Und dann?«, fragte ich gespannt. »So ging es über Jahre. Vor lauter Traurigkeit hörte ich nahezu vollständig auf zu blühen und Früchte zu bringen. Als ich allerdings eines Tages die Eheleute sagen hörte, dass sie einen so untauglichen Kirschbaum wie mich vielleicht doch besser ganz absägen würden, gab ich mir Mühe, wenigstens für einen Korb Kirschen zu sorgen, nur, um überhaupt am Leben bleiben zu dürfen.

UNTER DEM KIRSCHBAUM

Den Kindern erging es übrigens nicht viel anders. Immerfort wurde zu ihnen gesagt, was sie zu tun oder was sie besser zu lassen hätten. Einmal ist der kleine Junge in mich hineingeklettert, um sich vor seiner Schwester zu verstecken. Wie wohl war es mir in dem Augenblick, als ich die kleinen warmen Kinderhände an meinen Ästen spürte und der schnelle Atem des Kleinen durch meine Blätter fuhr.« Er schien wehmutsvoll zu lächeln, als er davon erzählte. »Aber schon stand seine Mutter mit in die Hüften gestemmten Fäusten unter mir und schimpfte mit ihrem Sohn wie ein Rohrspatz, vor allem, weil sich das Kind ein wenig schmutzig gemacht hatte. Nie wieder hat der Junge daraufhin versucht, in mir herumzuklettern. Die Kinder mussten eben immer adrett aussehen. ›Adrett‹, das war auch so ein Wort, das ich immer wieder hörte.« Ich trank noch einen Schluck vom kühlen Wasser und fragte neugierig: »Was ist danach geschehen?« »Als die Kinder erwachsen geworden und aus dem Haus gegangen waren, verkauften ihre Eltern das Haus. Und jetzt«, seine Stimme schien mir nun heiter zu klingen, »darf ich sein und leben und wachsen wie ich will und wie es mir entspricht. Und aus lauter Dankbarkeit dafür blühe ich im Frühjahr auf und bringe im

Sommer reichlich Frucht: zu meiner eigenen Freude und zur Freude derer, die es so gut mit mir meinen.« Nachdenklich sah ich vor mich hin und überlegte, wer denn im Laufe meiner eigenen Erziehung im Laufe früherer Jahre in mein Werden und Wachsen eingegriffen hatte, wie es um meine eigenen Wunden bestellt war und welche ungelebten Träume seit meinen Kindheitstagen in mir schlummerten und bisher nicht zum Leben gekommen waren. Urplötzlich begriff ich die Worte des Baumes von dem guten Geschick, das mich den Weg zu diesem Haus und unter seine Krone geführt hatte.

In diesem Augenblick kam die junge Frau aus dem Haus, in den Händen einen großen Teller mit frischen Kirschkuchenschnitten. »Den müssen Sie jetzt aber noch kosten«, lud sie mich ein und reichte mir einen Becher frischen Kaffee dazu. Ich bedankte mich und genoss jede einzelne Kirsche auf dem Kuchen, von der ich wusste, dass sie eine Frucht der Dankbarkeit dafür war, dass der große Kirschbaum nach so vielen Verletzungen jetzt zu seiner eigenen Form und Gestalt hatte finden dürfen.

Christa Spilling-Nöker

DIE BRAUT IM GARTEN

Einst lebte ein junger Bauer mit dem Namen Sapa, der außerordentlich fleißig und über alle Maßen ehrlich war. Jeden Tag war er von morgens früh bis zum Sonnenuntergang auf seinen Feldern, sodass er zur Erntezeit seine Scheunen gut mit Getreide füllen konnte. Eines Tages nun sah er in einem Bach einen Apfel schwimmen. Hungrig und durstig, wie er war, fischte er ihn heraus und biss kraftvoll hinein. Aber sofort beschlich ihn ein schlechtes Gewissen, weil er meinte, er hätte erst den Besitzer fragen müssen, ob er den Apfel behalten dürfe.

Am nächsten Tag brach er schon in aller Frühe auf, um den Eigentümer des Apfels zu finden. Nach einiger Zeit kam er zu einer prächtigen Obstplantage und fragte dessen Besitzer, ob der Apfel von ihm stamme. »Nein, das ist keine Frucht, die bei mir wächst. Aber ein Stück weiter oben liegt der Garten meines Bruders. Frage doch bei ihm nach!« Unverzüglich machte sich Sapa wieder auf den Weg. Der Garten, zu dem er nun kam, war weitaus größer als der, den er kurze Zeit zuvor verlassen hatte. »Sei gegrüßt«, begann er. »Stammt dieser Apfel wohl

»Wie viel Geduld braucht es, bis man Äpfel eines Baumes pflückt, den man gepflanzt hat.«

Franz von Sales

DIE BRAUT IM GARTEN

aus Eurem Garten?« »Nein, nein«, antwortete der Gärtner, »diese Sorte habe ich nicht. Frag doch bei meinem anderen Bruder nach. Vielleicht gedeihen sie bei ihm.« Sapa dankte und begab sich zu dem nächsten Garten, der an Größe kaum zu übertreffen war. »Bitte, mein Herr«, sagte Sapa, »ist es wohl möglich, dass dieser Apfel hier in Eurem Garten gewachsen ist?« Der Gärtner besah sich die angebissene Frucht genau und meinte: »Ja, dieser Apfel stammt aus meinem Garten.« »Ich habe ihn aus dem Bach gefischt und hineingebissen. Verzeiht mir, gütiger Herr, und sagt mir, wie ich diesen Fehler wieder gutmachen kann. Was kann ich Euch von meinem Hab und Gut geben, dass Ihr mir verzeiht?« Doch der Gärtner schüttelte nur den Kopf. »Ich möchte keine Entschädigung, geht wieder heim!«, gab er dem flehenden Sapa zur Antwort. Der aber ließ keine Ruhe. Schließlich meinte der Gärtner: »Wenn Euer Bitten und Betteln gar kein Ende nimmt, dann nehmt meine Tochter zur Frau. Sie ist blind, stumm und taub. Sie hat weder Hände noch Füße.« »Ich bin unverheiratet und werde Eure Tochter zur Frau nehmen«, antwortete Sapa. »Sagt mir nur, wo ich sie finden kann!« Darauf wies ihm der Gärtner den Weg zu der Braut. Als Sapa das Haus gefunden und die

DIE BRAUT IM GARTEN

Tür geöffnet hatte, blieb er starr vor Staunen stehen. Auf dem Ruhelager entdeckte er die schönste junge Frau, die er je gesehen hatte. Erschrocken kehrte er zu ihrem Vater zurück und erzählte ihm von seinem Erlebnis. »Ich muss wohl die falsche Tür geöffnet haben, da ich ein ganz anderes junges Mädchen vorgefunden habe als jenes, das ihr mir beschrieben habt«, meinte Sapa. »Nein, nein«, lachte der Gärtner. »Du bist schon richtig gewesen. Meine Tochter ist blind, weil sie nichts außer ihren Büchern vor Augen hat, taub, weil sie nichts anderes hört als das, was sie liest, und stumm, weil sie ausschließlich mit ihren Büchern spricht. Sie hat keine Hände, weil sie nichts anderes darin hält als ihre Bücher, und keine Füße, weil sie nirgendwo hingeht, wo sie keine Bücher finden kann.« Sapa verstand und war überglücklich. Mit Freuden nahm er das bezaubernde junge Mädchen zur Frau. Dass die Hochzeitsfeier im Garten unter den prachtvollen Apfelbäumen stattfand, bedarf eigentlich keiner Erwähnung mehr.

Nach einem Märchen aus Turkmenistan

DER SAMEN

Es war einmal ein König, der hatte drei Söhne. Je älter er wurde, umso mehr beschäftigte ihn der Gedanke, welchen von ihnen er zu seinem Nachfolger bestimmen sollte. Mutig, klug und tüchtig waren alle drei, da hob sich keiner von den anderen ab. Wie konnte er nur herausfinden, welcher seiner Söhne sich am ehesten dazu eignete, sein Erbe anzutreten? Doch schon bald hatte er eine Idee. Er ließ seine Söhne rufen und teilte ihnen mit, dass er sich für drei Jahre auf eine Reise begeben würde. Dabei überreichte er jedem einen Sack, angefüllt mit Blumensamen, und sagte: »Wenn ich zurückkomme, dann möchte ich von euch diese Blumensamen zurückbekommen.« Dann brach er auf.

Der älteste Sohn dachte: Was soll ich denn bloß mit diesem Saatgut anfangen? Kurz entschlossen stieg er in den Keller hinab, legte es in eine eiserne Kiste, verriegelte sie mit einem großen Schloss, steckte den Schlüssel ein und meinte, dem Wunsch seines Vaters damit Genüge getan zu haben, denn in drei Jahren könne er den Sack ja aus der Truhe herausnehmen und dem Alten übergeben. Indes hatte der zweite Sohn eine andere Idee. Die Blu-

»Die Erde durch die Hände und die Hände durch die Erde gleiten lassen. Dem harten Boden eine Mulde abringen – zur Füllung mit Wachstumskraft, die bald zu einem bunten Teppich wuchern wird.«

Friedolin Nöker

DER SAMEN

mensamen meines Bruders werden in der Truhe verfaulen, überlegte er. Ich will meine auf den Markt bringen, verkaufen und das Geld zurücklegen. Wenn der Vater zurückkommt, werde ich frisches Saatgut kaufen und ihm überreichen. Der jüngste Sohn aber ging in den Garten, lockerte die Erde sorgfältig auf, düngte und wässerte sie und säte die Samen aus.

Als der Vater nach drei Jahren wieder nach Hause kam, ging der erste Sohn in den Keller, schloss die Truhe auf, hob den Sack mit dem Saatgut hervor und gab ihn dem Vater. Der aber war bestürzt über den Gestank, denn die Samen waren im Laufe der Zeit verrottet und verfault. »Das ist nicht die Saat, die ich dir überlassen habe«, seufzte er enttäuscht. »Was hätten daraus für schöne Blumen werden können.« Nun war der zweite Sohn an der Reihe. Er hatte in der Tat auf dem Markt einen Sack mit frischen Blumensamen erstanden; doch als der Vater ihn öffnete, meinte er: »Das sind nicht die Samen, die du von mir bekommen hast.« Was wird wohl der dritte mit dem Saatgut angefangen haben?, sinnierte er. Da war der junge Mann auch schon bei ihm und bat ihn, mit ihm zu gehen. Nach kurzer Zeit standen sie in

DER SAMEN

einem wundervollen Garten. Was für eine herrliche Blütenpracht hatte sich dort entfaltet. Man hatte den Eindruck, als breite sich auf dem Gelände ein riesiger bunter Teppich aus. Tausende an farbenfrohen, leuchtenden Blumen blühten und dufteten miteinander um die Wette. Der König wurde bei diesem Anblick von ganzem Herzen froh. Sein Sohn aber sprach: »All diese Blumen sind aus der Saat hervorgegangen, die du mir gegeben hast. Wenn sie verblüht sind, werde ich ihnen die Samen entnehmen und dir zurückgeben.« Der Vater umarmte ihn überglücklich und meinte: »Genauso muss man mit der Saat verfahren. Du bist es, der später einmal mein Erbe antreten soll.«

Nach einer Weisheitsgeschichte

»Den Garten des Paradieses betritt man nicht mit den Füßen, sondern mit dem Herzen.«

Bernhard von Clairvaux

QUELLEN

Der Garten des Prinzen: Christa Spilling-Nöker, zuerst veröffentlicht unter dem Titel »Die Wunderblume« © bei der Autorin

Die Blume der Kaiserin: nach einem Märchen aus China

Der Gärtner und die Herrschaft: nach dem Märchen »Der Gärtner und die Herrschaft« von Hans Christian Andersen (1805–1875)

Die dankbare Nachtigall: nach einem indischen Märchen, erzählt in: Mulk Raj Anand, Der Unberührbare, Zürich 1984

Die Demut der Schneeglöckchen: Christa Spilling-Nöker, © bei der Autorin

Der Zaubergarten: nach einem Märchen aus Kasachstan, erzählt in: Der Wundergarten, Ein Märchen aus Kasachstan mit Bildern von Ingritt Neuhaus, Landshut 2004

Die Liebe der Biene: Christa Spilling-Nöker © bei der Autorin

Das Treibhaus: nach der Erzählung »La Serre« von Guy de Maupassant (1850–1893)

Im Garten des Sultans: nach einer arabischen Weisheitsgeschichte

Der kleine Missetäter: Christa Spilling-Nöker © bei der Autorin

Das Geschenk der Löwin: nach einem Märchen aus Israel, erzählt in: Märchen aus Israel, herausgegeben von Heda Jason, übersetzt von Schoschana Gassmann, Düsseldorf-Köln 1976

Die zerstrittenen Bäume: Christa Spilling-Nöker © bei der Autorin

Der Garten der Kinder: nach der Erzählung »The Selfish Giant« von Oscar Wilde (1854–1900)

Die Rose und der Igel: Christa Spilling-Nöker © bei der Autorin

Das Baumwunder: nach einer jüdischen Geschichte, erzählt in: Das Ma'assebuch. Altjiddische Erzählkunst. München 2. Auflage 2004

Unter dem Kirschbaum: Christa Spilling-Nöker © bei der Autorin

Die Braut im Garten: nach einem Märchen aus Turkmenistan

Der Samen: nach der gleichnamigen Erzählung auf www.sinnge-schichten.de

Christa Spilling-Nöker

Die Autorin dieses Bandes, Dr. Christa Spilling-Nöker, ist Pfarrerin mit pädagogischer und tiefenpsychologischer Ausbildung. Sie ist Verfasserin zahlreicher erfolgreicher Veröffentlichungen im Verlag Herder.

Ein Frühlingsgruß. Inspirationen für die schönste Jahreszeit
Mit Fotografien von Hildegard Morian
64 Seiten | ISBN 978-3-451-32543-4

Kleines Buch der Lebensfreude
160 Seiten | ISBN 978-3-451-07127-0

Weisheit. Märchen aus aller Welt
128 Seiten | ISBN 978-3-451-30681-5

50 Zutaten zur Liebe
160 Seiten | ISBN 978-3-451-07118-8

Ein Engel dir zur Seite
Mit Bildern von Marc Chagall
128 Seiten | ISBN 978-3-451-30361-6

Die schönsten Seiten des Lebens
Das Familienhausbuch für das ganze Jahr
240 Seiten | ISBN 978-3-451-32551-9

HERDER

Weisheit für die Seele

WEISHEITSGESCHICHTEN

Die schönsten Geschichten, neu erzählt für unsere Gegenwart, in kostbaren farbig gestalteten Geschenkausgaben, gebunden in Halbleinen mit Goldprägung.

Christa Spilling-Nöker
Weisheit. Märchen aus aller Welt
128 Seiten | ISBN 978-3-451-30681-5

Yarito Niimura
Zen. Geschichten alter Meister
128 Seiten | ISBN 978-3-451-30682-2

Hildegunde Wöller
Liebe. Geschichten aus der Bibel
128 Seiten | ISBN 978-3-451-30595-5

Christa Spilling-Nöker
Engel. Geschichten aus alter Zeit
128 Seiten | ISBN 978-3-451-30594-8

Christa Spilling-Nöker
Weihnacht. Geschichten aus aller Welt
128 Seiten | ISBN 978-3-451-32677-6

GARTEN-WEISHEIT

Doris Bewernitz
Wo die Seele aufblüht
Warum ein Garten glücklich macht
Mit Illustrationen von Charlotte Wagner
200 Seiten | ISBN 978-3-451-30936-6

Wie viel Sinnbildliches hält ein Garten bereit! Doris Bewernitz erzählt Lebens-Geschichten aus ihrem Garten. Aus jedem Garten. Denn alle Gärten sind Lehrmeister für ein glückliches Leben.

Phil Bosmans
Blumen des Glücks musst du selbst pflanzen
Mit Fotografien von Jutta Schneider und Michael Will
88 Seiten | ISBN 978-3-451-32717-9

Blumen, die von Herzen kommen: Das sind ein Lächeln, eine kleine Geste, ein freundliches Wort. Sie bringen Frühling und Sonne ins Leben. Worte der Lebensweisheit von Phil Bosmans, gelassen und zuversichtlich, zärtlich und klar.

HERDER

© Verlag Herder GmbH, Freiburg im Breisgau 2014
Alle Rechte vorbehalten
www.herder.de

Gesamtgestaltung:
Tina Lechner Grafik & Buchdesign, Stuttgart
Umschlagmotiv: © akg-images / Arnold Balwé

Herstellung: Graspo, Zlín

Gedruckt auf umweltfreundlichem,
chlorfrei gebleichtem Papier

Printed in the Czech Republic

ISBN 978-3-451-32716-2